W0059484

Rüdiger Marmulla

Wie ein Frühling

Die Biographie von Hilde und Michael Dieterich

SCM

R.Brockhaus

SCM
Stiftung Christliche Medien

Der SCM Verlag ist eine Gesellschaft der Stiftung
Christliche Medien, einer gemeinnützigen Stiftung, die sich
für die Förderung und Verbreitung christlicher Bücher,
Zeitschriften, Filme und Musik einsetzt.

2. Auflage 2016

© 2016 SCM-Verlag GmbH & Co. KG, 58452 Witten
Internet: www.scm-brockhaus.de; E-Mail: info@scm-verlag.de

Titelbild: Rüdiger Marmulla
Fotos: Privatbesitz Familie Dieterich
Satz: Christoph Möller, Hattingen
Druck und Bindung: CPI books GmbH, Leck
Gedruckt in Deutschland
ISBN 978-3-417-26797-6
Bestell-Nr. 226.797

Inhalt

Vorwort von Michael Rohde

Liebe Leserinnen und Leser!

Es gibt viele Geschichten über fiktive Personen, die hervorragend erzählt sind. Doch die besten Geschichten schreibt das Leben! Die Einblicke in das Leben von Hilde und Michael Dieterich haben mich stellenweise persönlich berührt, denn sie zeigen eine nicht nur glatte Erfolgsgeschichte eines engagierten Ehepaares. Hinter der bekannten und einflussreichen Wirksamkeit dieser beiden Menschen stehen ungeahnte Tiefen im eigenen Leben.

Die Seelsorgerin und der Seelsorger, die ein eigenes therapeutisches Konzept entwickelt haben, tragen Narben ihrer Vergangenheit. Das Portrait der Elternhäuser ist nicht schmeichelhaft, sondern zeigt verwandte Personen mit ihren Schwächen und Stärken und deren Einfluss auf den Lebensweg von Hilde Schweikert und Michael Dieterich.

Bildungswege und berufliches Engagement sind vielfältig und führen auf überraschende Weise nach Jerusalem oder Mallorca, Hamburg und Friedensau und manch andere Orte. Vieles stellt sich als Erfolg dar, der aber an die Grenzen von Unterstützung oder Verständnis stößt. Geführt werden die Lebenswege von Gott, dem Hilde und Michael Dieterich vertrauen.

Der Biograph gibt in seinem Buch zu erkennen, dass er den Hauptpersonen viel zu verdanken hat, und man spürt diese Dankbarkeit dem Werk ab. Das ist kein Nachteil, denn Dankbarkeit ist ein gutes Licht, in das ein Leben gestellt werden kann. Als Leser kann ich nicht nachprüfen, was an der Darstellung überzogen, verharmlosend oder auf Hochglanz poliert ist. Ich vertraue der Darstellung im Ganzen, da auch die Hindernisse und Schwierigkeiten des Lebens genannt werden. Natürlich würden mich noch weitere Perspektiven interessieren, beispielsweise wie wohl die Kinder diese

Biographie kommentieren würden oder ehemalige Weggefährten oder sogar Gegner. Von Streitfällen und Konflikten, die es gegeben hat, ist kaum die Rede.

Kein Menschenleben kann auserzählt werden. Die Biographie über Hilde und Michael Dieterich weckt bei mir Freude darüber, dass Gott durch diese Menschen andere hilfreich begleitet hat. Persönlich bin ich Ehepaar Dieterich noch nie begegnet, aber die Lektüre der Biographie ist eine lohnende Begegnung mit den Spuren ihres Lebens, die auch Gottes Spuren in dieser Welt sind.

Prof. Dr. theol. Michael Rohde, Pastor, Hannover im September 2015

Vorwort von Rolf Sons

„Wie ein Frühling." – Kaum einen treffenderen Titel hätte man für eine Biographie über Hilde und Michael Dieterich finden können. Frühling steht für Aufbruch und Veränderung, für Wärme und neues Leben. Im Frühling zeigt sich der Schöpfer in all seiner Kraft und Schönheit. Der Frühling hat etwas Unwiderstehliches. In wenigen Tagen und Wochen bekommt die Welt ein neues Gesicht.

Nicht zufällig wird die Metapher des Frühlings für Veränderungsbewegungen aller Art verwendet. Sei es im politischen, kulturellen oder auch im kirchlichen Bereich. Mit dem Frühling verbindet sich die Hoffnung auf bessere Zeiten. Kälte, Frost und Starre werden im Frühling überwunden. Neues Leben bricht sich Bahn.

Ohne Zweifel war die Gründung der Biblisch Therapeutischen Seelsorge (BTS) im Jahre 1987 ein frühlingshafter Aufbruch. So haben zumindest wir es, die wir damals die ersten Schritte der BTS wahrnahmen und teilweise begleiten durften, empfunden. Das Gespräch zwischen Seelsorge und Psychologie im evangelikal-pietistischen Bereich befand sich in einer Sackgasse. Viele bibeltreue Christen lehnten die psychologischen Verfahren ab. Die Psychologie stand unter Ideologieverdacht. Das Menschenbild und die Zielsetzungen der Psychologie passten nicht in das theologische Koordinatensystem. Dass sich innerhalb der kirchlichen Seelsorge bereits ein pastoralpsychologischer Aufbruch vollzogen hatte, machte die Sache für die Psychologie nicht besser. Große Teile des Pietismus verharrten bei ihrem Nein.

Das Problem war nicht nur, dass das Gespräch zweier Wissenschaften ins Stocken geraten war. Sehr viel folgenreicher war es, dass man den zunehmenden psychischen Nöten in der eigenen Gemeinde und Familie hilflos gegenüberstand. Die psychosozialen Nöte einer modernen Gesellschaft machten auch vor den christlichen Gemeinden nicht halt.

Michael Dieterich zählte zu den Persönlichkeiten im württembergischen Pietismus, die vor der skizzierten Problematik die Augen nicht verschlossen. Früher als viele andere hatte er begriffen, dass an dieser Stelle ein akuter Handlungsbedarf bestand. An Depression erkrankte Christen brauchten nicht nur geistliche, sondern auch therapeutische Hilfe. Bei Zwangsstörungen sollte nicht nur mit Gebet, sondern auch mit psychologischen Interventionsstrategien Abhilfe geschaffen werden. Konflikte in Ehe und Familie sollten auch vor psychologischem Horizont wahrgenommen werden. Michael Dieterichs Leitmotiv war die biblische Erzählung vom „Barmherzigen Samariter". Diejenigen, die unter die Räuber gefallen waren, brauchten professionelle Hilfe. Dazu waren geistliche und psychologische Hilfsmittel nötig.

Die Zeit war reif. Es musste etwas geschehen, wenn man den in der modernen Welt zunehmenden seelischen Nöten begegnen wollte. Michael Dieterich schien für diese Aufgabe prädestiniert zu sein. Er war eine bekannte christliche Persönlichkeit und besaß das Vertrauen innerhalb des Pietismus. Er war Professor für Erziehungswissenschaft und Psychotherapie und hatte damit die nötige Fachkompetenz. Dazu kam, dass er mit Charisma, Tatkraft und einer großen Portion Mut ausgestattet war. Zusammen mit seiner Frau Hilde bildete er ein Team, das sich in der Vielfalt seiner Gaben ergänzte. Die beiden fassten die Gelegenheit beim Schopf und so kam es zu der genannten Gründung der BTS. Was man jedoch nicht planen konnte, war die Tatsache, dass Gott diesen Schritt reich segnete. Wie Knospen im Frühling an allen Ecken und Enden aufspringen, so blühten innerhalb weniger Jahre zahlreiche BTS-Kurse und BTS-Gruppen innerhalb Deutschlands, der Schweiz und Österreichs auf. Dazu etablierte sich ein bundesweites BTS-Netzwerk mit tausenden von Freunden. Tausende von Mitarbeitern wurden ausgebildet. Das Schönste aber war, dass unzähligen Menschen geholfen werden konnte.

Die Seelsorgelandschaft in Deutschland hatte sich durch die Gründung der BTS in wenigen Jahren verändert. Andere christliche

Initiativen mit ähnlichen Zielen, teilweise aus dem charismatischen Bereich kommend, sind inzwischen dazugekommen. Dies alles führte dazu, dass Psychologie und Psychotherapie innerhalb der christlichen Szene Deutschlands etabliert wurden und mittlerweile nicht mehr wegzudenken sind. Michael Dieterich gelang es, die therapeutische Praxis mit den biblischen Grundwerten und Methoden zu verbinden. Es ist das bleibende Verdienst von Michael Dieterich, dass er durch seine Tatkraft, seinen Mut und seine Fachkompetenz der therapeutisch orientierten Seelsorge in Deutschland einen großen Schub verliehen hat. Zusammen mit seiner Frau Hilde waren hier zwei Pioniere auf dem Plan, die den *Kairos* Gottes erkannt und gehandelt hatten.

Ich selbst war in jenen Jahren des Aufbruchs dabei: zunächst als Teilnehmer in den Grund- und Aufbaukursen, später dann als Mitglied im Vorstand der Deutschen Gesellschaft für Biblisch Therapeutische Seelsorge. Die BTS wuchs und wuchs. Neue Ideen wurden diskutiert. Neue Visionen entstanden. Gleichzeitig aber wurden Sitzungen im Vorstand zunehmend anstrengend. Konflikte blieben nicht aus. Michael Dieterich war mit einem Mal umstritten. Es herrschte Unverständnis. Es gab Schuldzuweisungen. Es kam zu schmerzhaften Trennungen. Es ist eine bittere Einsicht, dass es neben einer Heilsgeschichte auch eine Unheilsgeschichte gibt und beide teilweise eng miteinander verwoben sind. Dies gilt auch für die BTS. Innerhalb einer Bewegung, durch die so viel Heilsames geschehen ist, war es zu Verletzungen und scheinbar unheilsamen Zerwürfnissen gekommen. Es ist gut, dass die vorliegende Biographie diese schweren Kapitel der BTS-Geschichte nicht verschweigt. Es liegt in der Natur der Sache, dass manche Einschätzungen des Autors dieser Biographie von den damals Beteiligten unterschiedlich bewertet werden.

Es ist höchste Zeit, das Lebenswerk von Michael und Hilde Dieterich zu würdigen. Rüdiger Marmulla hat die Lebenswege der Eheleute Hilde und Michael liebevoll nachgezeichnet. Als Leser staunt man, wie aus bescheidenen Anfängen Großes entstehen konnte.

Hier zeigt sich, wie Gott Segensgeschichte schreibt. Ein einfacher Junge, im Nachkriegsdeutschland aufgewachsen, entschließt sich, seinen Weg mit Jesus Christus zu gehen. Er entdeckt seine Gaben. Gepackt von der Sache seines Herrn engagiert er sich. Mutig gehen er und seine Frau neue Wege und so reifen Pioniere heran, die Gott gebraucht, um einen neuen Frühling in der Seelsorge heraufzuführen.

Dr. theol. Rolf Sons, Rektor des Albrecht-Bengel-Hauses, Tübingen im Advent 2015

Vorwort von Friedrich Hänssler

Wenn man die Hauptpersonen schon Jahrzehnte kennt, miteinander befreundet ist, in verschiedenartigen Dienstgemeinschaften immer wieder zusammenarbeitete, ist es etwas Besonderes, im Rückblick ein Vorwort zu einer entstehenden Biographie beizusteuern, wenngleich ich das eingedenk eines Zitats von Heinrich Böll tue: „Sich Erinnern ist eine Kunst – Schreiben eine andere." Beim Autor, Rüdiger Marmulla, besteht keinesfalls die Gefahr, dass man, wie man sagt „durch das Schreiben einer Biographie gewöhnlich den Rest seiner Freunde verliert."

Der Autor hat sich nämlich einfühlsam und historisch akkurat in Hilde und Michael Dieterichs Lebenslinien hineinbewegt und hat sich auch darauf eingelassen, teils vorhandene Fehlbeurteilungen durch Dritte zu prüfen und zurechtzurücken.

Hilde und Michael habe ich schon vor ihrer Verlobung kennengelernt. Hilde bereicherte die Verlagsarbeit, war beliebt in der Familie und wurde von unseren Kindern hochgeschätzt „Tante" genannt, sie war Musiklehrerin und Kunsterzieherin. Bis heute ziert ihre gelungene Zeichnung unserer drei ältesten Kinder die Wohnzimmerwand im Haus eines unserer Söhne.

Michael war bald eine Leitfigur in der Jugendarbeit, mit neuen Ideen, großem persönlichem Einsatz, ganzer Hingabe und ohne persönliche Erwartungshaltung einer Erstattung irgendwelcher Art.

Was heute eine übliche Angelegenheit ist, Schiffskreuzfahrten waren damals ein Novum, wurde von manchem damals noch nicht richtig eingeschätzt und gewürdigt. In einem mir vorliegenden Manuskript von 1985 schrieb Michael „es ist höchste Zeit, dass wir etwas Ungewöhnliches versuchen." Das war fast ein Motto der Dieterichs mit allen Risiken und Nebenwirkungen. Glaube und Denken, Kunst und Verkündigung, Seelsorge und Psychotherapie ergänzten sich im Wirken des Ehepaars. Denken führte zum Grenz-

11

überschreiten, und, was mir besonders eindrücklich erscheint, dies geschah nicht gemeinsam einsam, sondern im Miteinander „wie ein Frühling."

Die großen Gedanken kamen aus dem Herzen, wobei den beiden durch Dritte manche Falschbeurteilung, wie sie allen „Entdeckern" entgegenschlägt, nicht erspart blieb. Bei der Beurteilung von Hunderten von Manuskripten mit Lebensberichten, häufig Lebensbeichten, fiel mir ein großes Defizit an Seelsorge innerhalb der Kirchen und christlichen Gemeinden auf. Diesem Mangel mit der Gründung der Biblisch Therapeutischen Seelsorge abzuhelfen, ist Lebensaufgabe von Hilde und Michael und zugleich absolute Notwendigkeit in unserer heutigen Gesellschaft.

Friedrich Hänssler, Verleger, Holzgerlingen im Dezember 2015

Wie ein Frühling

Die Sonne schien mild durch das Blätterwerk der Palmen um den halbrunden Platz, auf dem sich etwa vierzig Jugendliche auf Holzbänken versammelt hatten. Ein leichter Luftzug gab dem Tag eine angenehme Frische. Eine Freizeit des Württembergischen Brüderbundes fand in diesem Jahr, 1960, in Lugano-Crocifisso im schönen Tessin statt. Es war Zeugnisstunde am späten Nachmittag. Hilde Schweikert war ganz gespannt, als der junge Mann, der ihr schon während des Freizeitvortreffens an Pfingsten mit seinem wuscheligen Haar ins Auge gefallen war, aufstand und nach vorne ging. Er stellte sich der Gruppe als Michael Dieterich vor. Erst vor wenigen Monaten war er überzeugter Christ geworden. Er schilderte in schlichten Worten, wie er vor Kurzem erkannt habe, dass er einen Retter brauche, und dass er erfahren habe, dass dieser Retter Jesus Christus sei. Er verwendete nicht die typischen Kirchenvokabeln, sondern drückte sich in einer wohltuend alltagstauglichen Sprache aus, verständlich und klar, vor allem aber authentisch. Seine Stimme war ungekünstelt, das Gesicht braun gebrannt und fröhlich. Hilde berührte die aufrichtige Rede des jungen Mannes sehr. Jedes einzelne Wort war für sie wie ein Frühling.

Frühling zeugt für Hilde von Aufbruch, Entfaltung und Reifung. Frühling zeigt sich für sie in Vogelstimmen, Blütenduft, Farben und Frische. Diese Charakterisierung zieht sich wie ein roter Faden durch das Leben von Hilde und Michael Dieterich. Keine andere Jahreszeit ist so nach vorne, auf Wachstum hin, ausgerichtet, zuweilen auch so rasch und ungeduldig. Zugleich bringt diese Jahreszeit auch junge Blüten hervor, die besonders schutzbedürftig sind. Wie das Erwachen der Natur im Frühling erscheint der Lebensweg zweier Menschen, die eine Einheit bilden, von der Kraft ausgeht. Mit Charisma und Enthusiasmus beginnen sie große Projekte, bis sich ihnen Schwierigkeiten in den Weg stellen. Sie lernen, wieder aufzustehen, manches Tränental hinter sich zu lassen, und erleben, dass man wie eine Perle durch Leid reifen kann. Die große Liebe zu Musik und Kunst begleitet das Paar durch Höhen und Tiefen.

Am Luganer See. Aquarellzeichnung von Hilde im Sommer 1960

Air Berlin AB 6563

„Bin gelandet." Die kurze SMS an mich deckt sich mit der Information auf der Anzeigetafel des Terminals 2 des Rhein-Main-Flughafens in Frankfurt. Dr. Michael Rohde, der Absender der Nachricht, ist Professor für Altes Testament an der Theologischen Hochschule in Elstal. Ich kenne ihn, er war bereits vor drei Jahren zu Vortragsabenden in unserer Christusgemeinde in Neu-Isenburg. Ich schätze seine fundierten Bibelauslegungen und ich mag auch seinen stillen Humor. Als wir ihn nun, im Oktober 2014, wieder zu Vortragsabenden einluden und er zusagte, rief ich als erster und am lautesten in der Gemeinde: „Der wohnt das Wochenende bei uns!" Klar, dass ich ihn da auch am Flughafen abhole, um ihn direkt zur Gemeinde zu fahren. Als er am Gate D erscheint, bin ich etwas aufgeregt, weil wir spät dran sind. Aber Michael Rohde, der mich sofort in der Menge der Wartenden entdeckt, ist die Ruhe selbst. Wir kommen genau drei Minuten vor halb acht in der Christusgemeinde an. Punktlandung. Der Gemeindesaal im ersten Stock ist gut gefüllt. Wir starten: „Alttestamentliche Gottesbilder" sind das Thema der drei Vortragstage. Die Gemeinde hört wie gebannt zu und die Zeit vergeht wie im Flug. Zahlreiche Gespräche schließen sich dem Vortrag an. Als guter Gastgeber frage ich Michael Rohde nach einiger Zeit, ob er Hunger habe. Durch das späte Eintreffen in Frankfurt hatte er kein Abendessen. „Ja, klar." – „Dann schlage ich vor, wir gehen ins Argentinische Steakhaus." – „Gern, Steakhaus klingt sehr gut." Wir lösen uns aus der Gruppe und gehen zum Essen. Die Küche hat noch geöffnet. Wir nehmen Platz und bestellen. Die Zeit, bis das Essen kommt, nutzen wir zum Gespräch. Ich berichte, dass wir mit fünf Autoren unterschiedlichster Denominationen das Projekt *Werkstatt Kirche* begonnen und dazu ein Buch geschrieben haben. Mein Gast fragt, wer außer mir die anderen Autoren seien. Ich gebe zurück, dass Michael Dieterich, der Gründer der Biblisch Therapeutischen

Seelsorge, BTS, der Hauptautor des Werkes sei. Michael Rohde erklärt darauf, dass er im Zusammenhang mit dem Namen Michael Dieterich von finanziellen Unstimmigkeiten bei der BTS gehört habe. Das verwundert mich, denn davon habe ich keine Kenntnis: „Audiatur et altera pars – wärst du bereit, auch die andere Seite zu hören? Ich schreibe eine Biographie über das Leben von Hilde und Michael Dieterich. Würdest du sie lesen, wenn sie fertig ist?" – „Ja", gibt Michael Rohde spontan zurück, „ich bin bereit, auch die andere Seite zu hören."

Mit diesem Gespräch wird mir bewusst, dass Michael Dieterich ein schlechter Ruf vorauseilt. Das ist mir neu. Ich mache mich trotzdem an die Arbeit, eine Biographie über ihn und seine Frau zu verfassen, auch wenn ich mich damit zwischen die Stühle setzen sollte. Weil sich die Informationen, die Michael Rohde und ich über ein und dieselbe Person haben, nicht miteinander decken, scheint mir das Projekt nun als große Herausforderung. Das Schreiben wird nicht einfach. Wer sagt mir die Wahrheit? Welche Informationen sind mir zugänglich? Muss ich mein bisheriges Bild von Hilde und Michael überdenken? Wie kann ich sensibel Fakten recherchieren, ohne Menschen zu verletzen? Diese Fragen löst mein Besucher aus Berlin in mir aus. Im Vertrauen darauf, dass Gott mir Weisheit gibt und hilfreiche Menschen zur Seite stellt, mache ich mich auf einen spannenden Weg.

Im strengen Winter 1942

Die Straßen waren während der eiskalten Jahreszeit kaum befahrbar und hohe Schneemauern versperrten die Wege, als am 13. Januar 1942 Michael Dieterich im Marienhospital in Stuttgart geboren wurde. Wenige Wochen später, am 31. Januar, kam Hilde Luise Schweikert in der Frauenklinik in Tübingen zur Welt.

Michael stammt aus einer einfachen Familie. Der Vater, Karl Dieterich, war kaufmännischer Angestellter und Mitglied der NSDAP. Er trug seine Armbinde und wurde von der Partei als Betriebsrat der Barometerfabrik, in der er arbeitete, bestellt. Seine eigene Großmutter war eine Jüdin – doch durch eine Umtragung der Beurkundung im Kirchenbuch wurde aus der Jüdin nachträglich eine Christin gemacht. Michaels Mutter, Margarete Dieterich, geborene Krebser, war eine schlichte und doch von sich überzeugte Frau, die Menschen mit Wenigem beeindrucken konnte. Man konnte sie als eher bequem und tatenlos bezeichnen. Ein regelmäßig von ihr gesprochener Satz lautete: „Gell, Karl, des brauche mer net." Sie blühte beim Einkauf am Marktstand auf und feilschte immer wieder, indem sie fragte, ob man die Ware nicht noch etwas billiger machen könne. Zur Geburt Michaels erhielt Margarete eine Urkunde und 50 Reichsmark, weil sie dem Führer ein Kind geboren hatte. Karl und Margarete Dieterich waren als NSDAP-Mitglieder aus der Kirche ausgetreten, deshalb wurde ihr Sohn nach der Geburt nicht getauft. In der Familie, die im Zentrum Stuttgarts wohnte, gab es bereits eine zwölfjährige Tochter namens Anneliese. Zu den Verwandten hatten die Eheleute Dieterich keinen Kontakt.

Hildes Eltern, die bereits eine drei Jahre alte Tochter mit dem Namen Elsbeth hatten, waren der Schuhmachermeister Georg Schweikert und seine Frau Ella, geborene Schöller. Ella stammte aus einer wohlhabenden Unternehmerfamilie, der Großvater Ellas war ein Fabrikant mit einer eigenen Weberei in Albstadt. Er hatte zu seiner

Zeit auch schon ein Telefon, das hatte die Rufnummer 7. Der Vater Ellas hatte vierzehn Kinder, und so hatte Hilde viele reiche Tanten und Onkel. Ella hatte keinen Beruf erlernt, denn schon als dreizehnjähriges Mädchen versorgte sie den elterlichen Haushalt und die Kinder ihrer älteren Schwester, die einen großen Betrieb hatte. Georg und Ella Schweikert lebten gemeinsam mit Georgs Eltern in einem Haus in Bodelshausen im Kreis Tübingen, ihre gemeinsame Leidenschaft galt der Kirchenmusik. Georg war neben dem wöchentlichen Organistendienst in seinem Beruf sehr geschickt, gewann zahlreiche Preise für seine gute Handwerkskunst und hatte sich auf die Fertigung orthopädischer Schuhe spezialisiert. Bis von Stuttgart kamen Kunden in seinen Meisterbetrieb, der im Erdgeschoss des elterlichen Hauses untergebracht war. Als Hilde zur Welt kam, war Georg zum Kriegsdienst eingezogen und konnte so die Geburt seiner Tochter nicht miterleben. In den Kriegsjahren übernahm Hildes Mutter, Ella, in den Gottesdiensten das Orgelspiel. Ihre beiden Kinder setzte sie während des Orgelspiels links und rechts neben sich auf die Orgelbank. Mit den jungen Mädchen im Dorf begann sie zudem einen Frauenchor. Für Ella war die Wohnsituation im Haus der Schwiegereltern nicht einfach, denn sie spürte die Abneigung ihrer Schwiegermutter; diese war eine starke und herrschsüchtige Frau. Sie ersetzte im Dorf den Arzt und praktizierte homöopathische Heilkunde. Ihr Sekretär roch intensiv nach Arnika, Gelsemium und Hypericum. In die Dorfpraxis der Großmutter kamen täglich Menschen und bezahlten mit Naturalien, wie Butter oder Schlachtplatten. Armut hat die Familie dadurch nicht erlebt. Mit dieser starken Schwiegermutter war Hildes Mutter, eine ganz zierliche und empfindsame Person, täglich konfrontiert. Ellas Schwiegervater, Gotthilf Schweikert, wurde liebevoll „Ähne" genannt und war ein sehr sanftmütiger Mensch. Er war eine hochgeachtete Respektsperson in der Dorfgemeinschaft. In Abwesenheit des Pfarrers verrichtete er während des Krieges einige Aufgaben, die üblicherweise nur Geistlichen vorbehalten waren, so nahm er auch Taufen, Hochzeiten und Beerdigungen vor. Gotthilf war dem Dorf als bekennender Christ bekannt. Dies führte immer wieder zu Auseinandersetzungen mit dem Ortsgruppenleiter, die in dem Satz gipfelten: „So, Gotthilf, jetzt reicht's. Jetzt kann ich nichts mehr für dich tun. Jetzt ist Schluss." Weil Hildes Vater zum Kriegsdienst eingezogen war, trug Gotthilf seine Enkeltochter Hilde zum Taufstein – und nahm die Taufe auch selbst vor. Als Taufspruch wurde Jesaja 54,10 ausgesucht:

„Es sollen wohl Berge weichen und Hügel hinfallen –
aber meine Gnade soll nicht von dir weichen
und der Bund meines Friedens soll nicht hinfallen,
spricht der Herr, dein Erbarmer."

Im strengen Winter 1942 brachten Ella und Gotthilf die kleine Hilde im Zug von Tübingen nach Bodelshausen, Hilde lag im Arm ihres Großvaters, der in der Kälte mit einem dicken Schal vermummt war. Aus einer Decke schaute nur Hildes kleine Nase heraus, und Gotthilf beobachtete ganz verliebt sein Enkelkind, murmelnd: „Was für ein schönes Näsle sie hat." Es war der Beginn einer besonderen und innigen Beziehung.

Hildes Kindheit und Erwachsenwerden

Es war ein tiefgläubiges Elternhaus, das seine Türen für Gäste und gemeindliche Versammlungen immer geöffnet hatte, weil es im Dorf Bodelshausen noch kein Gemeindehaus gab. Jeden Abend kamen Menschen ins Dreigenerationenhaus der Schweikerts, Jungschar, CVJM, Posaunenchor, Frauenchor, Hahn'sche Stunde, Gitarren- und Mandolinenschüler fanden hier ein Zuhause. Lag Hilde abends in ihrem Bett, dann hörte sie stets Töne, Musik und Gespräche beim Einschlafen.

In ihrer frühesten Kindheitserinnerung sieht sich Hilde mit ihrer Mutter Ella und ihrer Schwester Elsbeth zu Fuß auf dem Weg zur Großmutter mütterlicherseits, die etwa zwei Kilometer entfernt wohnte. Ein Besuch bei der Großmutter war wöchentlich üblich. Als Hilde zwei Jahre alt war, gab es auf solch einem Fußmarsch zur Großmutter Fliegeralarm. In Bodelshausen gab es einige Textilfirmen, in denen zahlreiche Weber und Näherinnen arbeiteten. An solch einem Betrieb kamen Hilde, Ella und Elsbeth vorbei, als die Sirenen anfingen zu heulen. Der Betrieb verfügte über einen Luftschutzraum. „Kommt schnell!", rief die Mutter, und schon liefen sie in den Keller hinab, der mit eng und gedrängt stehenden Firmenangehörigen gefüllt war. Nachdem die armierte Tür geschlossen war, stellte sich eine bedrückende Stimmung ein. „Kommt, ihr beiden, wir singen", schlug Ella vor, und den Kindern war das Singen mit ihrer Mutter bereits sehr vertraut. Sie sangen

In dir ist Freude in allem Leide,
o du treuer Jesu Christ.
Durch dich wir haben himmlische Gaben,
du der wahre Heiland bist;
hilfest von Schanden, rettest von Banden.

Wer dir vertrauet, hat wohl gebauet,
wird ewig bleiben. Halleluja.
Zu deiner Güte steht unser G'müte,
an dir wir kleben im Tod und Leben;
nichts kann uns scheiden. Halleluja.

Wenn wir dich haben, kann uns nicht schaden
Teufel, Welt, Sünd oder Tod;
du hasts in Händen, kannst alles wenden,
wie nur heißen mag die Not.
Drum wir dich ehren, dein Lob vermehren
mit hellem Schalle, freuen uns alle
zu dieser Stunde. Halleluja.
Wir jubilieren und triumphieren,
lieben und loben dein Macht dort droben
mit Herz und Munde. Halleluja.

Hilde im Alter von zwei Jahren

Sie sangen zu dritt. Im Luftschutzkeller standen die Menschen immer noch dicht und geängstigt, als sie begannen. Doch nach dem Innehalten nach der letzten Strophe staunte die Fabrikbesitzerin: „Was für ein schönes Lied. Was für ein schönes Lied. Wo steht denn das?" – „Im Kirchengesangbuch", antwortete Hildes Mutter. Der Fliegeralarm endete, die dicke Tür zur Welt ging wieder auf. Licht und frische Luft strömten in den Luftschutzraum.

Gotthilf, Hildes Großvater, leitete die Hahn'sche Stunde, eine Zusammenkunft pietistischer Glaubensgeschwister. Um einen alten Nussbaumtisch sammelten sich die „Brüder" und „Schwestern" zur Bibelbetrachtung. Und obwohl der Großvater eine gottesfürchtige Respektsperson im Dorf war, begleitete er seine Enkeltochter auch mit einer silbernen Uhrkette und schwarzer Weste zu den Kinderfesten – was recht ungewöhnlich war, denn dies war ja „die Welt", die man mied. Als aufrichtiger Mensch war Gotthilf im ganzen Dorf gut bekannt, und zusammen mit den kaputten Schuhen brachten die Menschen ihm morgens auch ihre Sorgen in die Schusterwerkstatt mit. Alle Kümmernisse wurden Gotthilf anvertraut. Und sie waren bei ihm auch gut aufgehoben. Hilde besuchte den Großvater gern unten in der Werkstatt. Dort durfte sie sich beschäftigen und einfach mit ihm leben.

Der zweite Weltkrieg fand ein Ende. Die Franzosen kamen vor das Dorf, das keinen Bürgermeister und keinen Pfarrer hatte. Da ging Gotthilf Schweikert den Franzosen mit einer weißen Fahne entgegen: „Ich verbürge mich dafür, dass dieses Dorf keinen Widerstand leistet." Die Franzosen setzten den Großvater als Obmann für Bodelshausen ein, im Übergang gab er dem Dorf, was es brauchte. Als nach Kriegsende die Flüchtlingsströme aus dem Osten kamen, sprach Hildes Mutter zu ihrer Tochter: „Nun, stell dir einmal vor, wie es ist, wenn man fremd ist." So lernte sie, empathisch zu sein und sich in andere Menschen hineinzuversetzen.

Auch Hildes Vater Georg kehrte aus dem Krieg zurück, verstört und verändert durch die prägenden Erlebnisse. Er züchtigte Hilde jetzt fast täglich. Meist war ein Streit zwischen Hilde und ihrer älteren Schwester der Auslöser für die Ausschreitungen des Vaters. Ella war mit der Situation sehr unglücklich, und Hilde versuchte zwischen beiden Eltern zu vermitteln. „Hundle" nannte man sie, weil sie wie ein schwanzwedelnder Hund zwischen Georg und Ella hin und her lief: „Mama, das hat er doch so nicht gemeint", „Papa, du darfst so nicht mit der Mama reden."

Georg wollte nicht mehr als Schuhmachermeister arbeiten, er versuchte sich in verschiedenen Geschäften, er übernahm Vertretungen und träumte davon, Erfindungen zu machen und reich zu werden. Er sprach und zitierte große Worte, die Hilde später niederschrieb und über ihr Bett hing. Dennoch erschien ihr der Vater nicht authentisch. Er bezeichnete sich als Christ und wurde von Hilde nicht so wahrgenommen. Die Beziehung zum Großvater war stärker.

Hilde war vier Jahre alt, als ihr Bruder Jörg geboren wurde. Der kleine Junge erlitt im Alter von 14 Monaten einen Unfall, der einen tödlichen Ausgang hatte. In einem Schubkarren fuhr Hilde ihren Bruder fröhlich hin und her, Jörg jauchzte vor Freude. Auf einmal fiel der Schubkarren um, Jörg stürzte auf den Kopf und sofort zeigte sich eine Beule. Mit einem schrecklichen Gefühl brachte Hilde ihren Bruder zu den Eltern. Das Kind jammerte ein wenig, vielleicht hatte es eine Gehirnerschütterung? Ella gab ihm eine gelbe Rübe in die Hand, er nagte zaghaft daran, schluchzte laut auf und dabei geriet ein Stück Rübe in die Atemwege. Jörg wurde auf den Rücken geklopft, er hustete, aber die Rübe kam nicht heraus, es wurde immer schlimmer. Da schüttelte ihn der Vater, und Jörg schrie noch mehr. Als es nicht besser wurde, nahm die Mutter den Jungen mit ins Schlafzimmer, um ihn zu beruhigen. Die Großmutter kam und wollte wissen, was passiert sei, doch bevor sie eine Antwort bekommen konnte, rief die Mutter plötzlich: „Das Jörgle stirbt." Ein Arzt und die Kriminalpolizei kamen, der ganze Verlauf wurde protokolliert und es wurde festgehalten, dass das Herz des Kindes bei der großen Aufregung versagt habe. Die Eltern haben Hilde nie einen Vorwurf gemacht, haben sich ihrer Tochter gegenüber sehr lieb verhalten und alles aus Gottes Hand genommen. Aber es war sehr schwer.

Inzwischen war Hilde sechs Jahre alt. Ein talentierter Geiger, der aus Köln evakuiert worden war, lebte in ihrem Dorf. Als dieser Mann einmal in ihrer Schule Solostücke von Pablo de Sarasate[1] vorspielte, lachten viele Schüler, weil der Mann einen Buckel hatte und weil er beim Spiel eigentümlich aussah. Doch während die anderen lachten, weinte Hilde vor innerer Bewegung. Sofort ging sie zu ihren Eltern und erklärte: „Ich möchte Geige spielen lernen." Die Eltern, in deren Haus Musik von je her eine große Rolle gespielt hatte, ermöglichten ihr den Geigenunterricht bei diesem Mann. Rasch überholte Hilde die anderen Geigenschüler und sie avancierte zur Musterschülerin. In den folgenden Jahren spielte sie auf zahlreichen Festen, eines ihrer Lieblingsstücke wurde eine Serenade von Enrico Toselli[2]. Durch die Musik öffnete sich ihr eine neue Welt.

Im Dorf fühlte sich Hilde fremd und nicht zugehörig. Beim Milchholen trafen sich die heranwachsenden Kinder und Jugendlichen des Dorfes. Die Zeit beim Milchhäusle wurde zu ausgiebigen Gesprächen zwischen den Jugendlichen genutzt. Doch wann immer Hilde dazu kam, stellte sich sofort ein Schweigen ein und sie fühlte sich von der Gemeinschaft ausgeschlossen. Das Geigespielen wurde zu einer Fluchtmöglichkeit aus der Enge des Dorfes: „Wenn ich schon anders bin, dann bin ich aber gut anders."

1955 hatte Hilde ein sehr belastendes Erlebnis, das die nächsten Jahre nachhaltig prägte: An einem winterlichen Abend schickte Ella ihre Tochter noch schnell zum Zuckereinkaufen in den Dorfkern. In Bodelshausen gab es noch keine Straßenbeleuchtung. Hilde fuhr mit dem Fahrrad zum Laden und nahm auf der Fahrt ein Auto wahr, das mit offenen Türen und mit eingeschalteter Innenbeleuchtung vor einer Gastwirtschaft, dem „Rössle", stand. Niemand war in dem Fahrzeug. Auf der Rückfahrt vom Geschäft verwunderte sich

---

1 Pablo de Sarasate, *1844, †1908, spanischer Komponist und Geiger.
2 Enrico Toselli, *1883, †1926, italienischer Komponist und Pianist.

Hilde, dass der Wagen immer noch unverändert da stand. Plötzlich nahm sie im Augenwinkel den Schatten einer Gestalt wahr, die etwas in der Hand hielt und herunterschlug. Sofort duckte sich Hilde über das Lenkrad ihres Fahrrads und trat noch fester in die Pedale. Hinter ihr rief eine Stimme einen Fluch aus, der Hilde erschütterte. Zuhause berichtete Hilde zitternd ihrer Mutter unmittelbar von dem Ereignis, und beide, Mutter und Tochter, suchten den Platz vor der Gastwirtschaft auf – inzwischen war das Fahrzeug verschwunden. Am nächsten Tag schrieb die Lokalpresse über vagabundierende Mädchenhändler, die junge Mädchen überfallen und verschleppt haben. Hilde wurde bewahrt. Doch nun war da eine ständige Angst vor Gewalt.

Bis dahin hatte Hilde mit ihrer Schwester ein Zimmer geteilt. Sie hatte es genossen, jeden Abend in der Dunkelheit noch eine Weile mit der Schwester zu reden. Dann war ihre Schwester aus dem Zimmer ausgezogen und Hilde hatte große Angst in den Nächten. In der Finsternis blickte sie auf die Türklinke, die sich vermeintlich zu senken drohte. In der Tür gab es auch ein kleines Fenster, und sie malte sich immer wieder aus, wie eine Gestalt mit Taschenlampe durch das Fenster in ihr Zimmer hineinleuchtet. Als sie dann auch noch nachts zu schlafwandeln begann, stellten die Eltern fest: „Das geht so nicht weiter. Jetzt kommst du zur Großmutter ins Zimmer." Der Großvater, der geliebte „Ähne", war inzwischen gestorben. Doch die Großmutter, Elisabeth, mochte Hilde nicht – sie war ihrer Mutter Ella zu ähnlich. Nur Hildes Schwester Elsbeth, vom Typ her robuster als sie selbst, wurde von der Großmutter geliebt. Trotzdem kam Hilde in das Zimmer der Großmutter und schlief neben ihr im Doppelbett. Als Erstes stellte die Großmutter ihrer Enkelin zur Nacht eine wassergefüllte Waschschüssel vor das Bett und bemerkte: „Wenn du nachts aufstehst, dann wirst du wach, und dann tust du das nur einmal." Und es hat tatsächlich gewirkt, das junge Mädchen stand nachts nicht mehr schlafwandelnd aus dem Bett auf. In der Gemeinschaft mit der Großmutter verlor sie nach und nach die Ängste, die sie seit den Geschehnissen mit den Mädchenhändlern plagten.

Die Großmutter litt zunehmend an Atemnot und Brustenge, nachts saß sie mit mehreren Kissen im Rücken im Bett. Hilde fragte sie, warum sie so liege, und die Großmutter gab zurück: „Mir ist so bang." Es folgte eine Zeit, in der Hilde ihre Großmutter immer häufiger unverständlich murmelnd im Bett antraf: „Was schwätscht du denn?", wollte sie wissen und erhielt zur Antwort: „Ich bet'." Ganz keck fragte Hilde weiter: „Was betest du denn?" – „Ich bet': Mein Gott, ich bitt' durch Christi Blut, mach's nur mit meinem Ende gut." – „Warum betest du das? Dein Ende ist doch noch nicht da." – „Kind, damit kann man nicht bald genug anfangen."

Kurz darauf beobachtete sie ihre Großmutter auf der Veranda, den Himmel betrachtend – Elisabeth sprach dazu unverständliche Worte. Das war für Hilde so befremdlich, dass sie ihrer Mutter anvertraute, sie glaube die Großmutter sei verrückt geworden. Doch Ella gab ihrer Tochter den Rat, einfach zu fragen, was sie spreche. Die Großmutter antwortete: „Ich rede mit meinem Mann, dem Gotthilf. Er fehlt mir so." – „Das habe ich gar nicht gewusst, dass du ihn so mochtest."

Von nun an sprachen die Großmutter und Hilde abends noch ausgiebig im Dunkeln. Die Großmutter erzählte viel und brachte Hilde einige Lieder bei, ganz besonders ein Abendlied:

Gott der Tage, Gott der Nächte.
Meine Seele harret dein,
lehnet sich an deine Rechte.
Nie kannst du mir ferne sein.
Auch in dunkler Nächte Stunden
hat dich manches Herz gefunden,
das sich aus dem Lärm der Welt
einsam bei dir eingestellt.

In der Dunkelheit musste Hilde den Liedvers dann nachsprechen und das ganze Lied auswendig lernen. Dabei nahm sie ihre „Ahne" noch einmal ganz neu wahr.

26

Als die Atemnot zunahm, kümmerte sich auch Ella mehr und mehr um ihre Schwiegermutter. Eines Tages vertraute die Großmutter ihrer Schwiegertochter an: „Ich muss dich um Entschuldigung bitten. Ich habe dich nicht recht behandelt. Es tut mir leid." An diesem Tag haben die beiden Frauen miteinander Frieden geschlossen.

Hilde war bei der Arbeit, als ihre Großmutter in den Armen ihrer Mutter starb.

Es war Hilde nicht erlaubt, auf das Gymnasium zu gehen, weil auch Elsbeth, die große Schwester, nicht ging. Sie durfte nicht lernen, obwohl es in ihr große Sehnsucht weckte, andere höhere Schülerinnen von „Mathe" und „Franz" sprechen zu hören. Stattdessen vermittelten die Eltern ihr im Alter von vierzehn Jahren eine Stelle als ungelernte Mitarbeiterin im Betrieb ihrer Tante, der Textilien herstellte und eine Belegschaft von 800 Mitarbeitern hatte. Morgens musste sie ab halb sieben die Post abholen und dem Chef vorlegen, einkaufen und Telefondienst verrichten. Vom Blaupapier hatte sie schwarze Flecken an den Ärmeln; sie wollte ihrer Mutter die Wäsche nicht so häufig zumuten und trug ihre Kleider daher recht lang. Da erhielt sie von den anderen Beschäftigten den Spitznamen „Schmutzfink". Besonders der Buchhalter setzte ihr arg zu, wenn er sie wegen eines Fehlers anschrie. Dann schaute sie immer mit den Augen aufwärts, damit die Tränen nicht laufen und niemand ihre Kränkung bemerke. Aber Hilde war zum Fleiß geboren, und sie war – auch als ungelernte Kraft – recht brauchbar. Nach fünf Jahren schied sie aus dem Betrieb aus, und ihre Stelle musste durch zwei andere Mädchen ersetzt werden. Parallel zu ihrer Arbeitsstelle besuchte sie die Kaufmännische Berufsschule in Tübingen. Die Woche hatte auf diese Weise deutlich mehr als 50 Stunden für sie.

Hilde litt darunter, nicht zur Tübinger „High Society" zu gehören. Sie fühlte sich „jenseits vom Zaun". Ihr Bildungshunger wurde im Zusammenhang mit den Kenntnissen um die Menschheitsgeschichte besonders deutlich. Sie litt darunter, dass sie so wenig von der Antike wusste, dass sie kein Latein beherrschte und dass sie die Griechen nicht kannte. Deshalb ging sie in die Osiandersche Buchhandlung in Tübingen: „Ich möchte ein Buch über die Griechen lesen." – „Was für eins?", fragte der Verkäufer zurück. Das konnte sie nicht beantworten. Statt sie dort abzuholen, wo sie war, und anstatt ihr einen Gustav Schwab[3] an die Hand zu geben, verkaufte der Buchhändler Hilde ein sehr teures, reich bebildertes Buch über archäologische Ausgrabungen in Griechenland. Hilde nahm das Buch mit, verstand es aber beim Lesen zuhause nicht und brach bald frustriert die Lektüre des Bandes ab.

Auch im Dorf fühlte sich Hilde weiter fremd und ausgegrenzt. Sie wollte nicht fromm scheinen, wenn sie es doch gar nicht war. Ihre drei Jahre ältere Schwester hatte sich bereits bei Billy Graham[4] für Jesus entschieden. Aber sie selbst stand noch fern vom Glauben, sie rebellierte gegen die Erwartungen, die sie an sich herangetragen fühlte. Sie wollte lieber hinaus, um die Musik zu erleben. So zog sich Hilde die Uniform der Festzugsgruppe ihres Sportvereins an. Es war der 1. Mai 1957 und an diesem Tag gab es einen Festumzug mit Musik und einem Grillfest im Wald. Hilde war schon dabei, das Haus in der Uniform zu verlassen, als der Vater ihr zu verstehen gab: „Wenn der Gotthilf das sehen würde, dass seine Hilde in dem Festzug läuft. Wenn du da mitgehst, dann sind unsere Wege getrennt." In Hilde entbrannte ein großer Kampf: „Gehe ich mit?" Sie schrie und heulte: „Was kann ich dafür, dass ich euch gehör'?" Der Festzug kam. Er führte am elterlichen Haus vorbei. Immer lauter wurde die Musik, dann wurde sie leiser, bis es wieder ganz still wurde. Hilde war nicht mitgegangen. Da kam ihre Schwester Elsbeth: „Ich gehe heute nach Mössingen. Da ist eine Zeltmission. Willst du mitgehen? Da gehen noch ein paar mit." Gerne wollte Hilde im Moment nur aus der Enge des Elternhauses fliehen. So ging sie mit. Und dann wurde die Zeltmission für Hilde eine ganz entscheidende Veranstal-

---

3 Gustav Schwab, *1792, †1850, deutscher Pfarrer, Gymnasialprofessor und Schriftsteller, der zur Schwäbischen Dichterschule gerechnet wird, er schrieb das Werk „Sagen des klassischen Altertums".

4 Billy Graham, *1918, US-amerikanischer Baptistenpastor und Erweckungsprediger, der als einer der einflussreichsten Christen des 20. Jahrhunderts bezeichnet wird.

tung. In der Predigt wurde so gesprochen, dass sie sich dachte: „So, jetzt versteh' ich's." Sie war so vertieft, dass sie gar nicht mehr spürte, dass ihre Schwester neben ihr saß. Und dann kam der Aufruf, wer mit Jesus gehen wolle. Da stand sie auf, vergaß alle Menschen um sich herum, vergaß all die Hassgefühle und alle Rebellion in sich, und auch die Angst vor der Frömmigkeit vergaß sie, stand einfach da – und entschied sich für Jesus.

Von diesem Tag an engagierte sie sich in der Kinderkirche und Chorarbeit. In den Sportverein ging sie nicht mehr. Nun war ihr der kleine wöchentliche Gebetskreis wichtig geworden, den vier weitere Mädchen, die sich am selben Tag entschieden hatten, auch besuchten. Viele Chorusse wurden dort gesungen, die sie auf der Zeltmission erlernt hatten:

Gestern, heute und für immer
gleich bleibt Gottes Lamm.
Alles wechselt, Jesus nimmer.
Ehre sei dem Nam'.

Das Gebet von Franz von Assisi

O Herr, mache mich zum Werkzeug deines Friedens …

wurde dabei stets zum Abschluss gebetet. Diese Verbundenheit mit Jesus Christus und den Geschwistern trug Hilde bis zu ihrer Begegnung mit Michael.

Michaels Kindheit und Erwachsenwerden

Michael war zwei Jahre alt, als sein Bruder Roland geboren wurde. Um die Mutter und das kleine Brüderchen im Krankenhaus zu besuchen, nahm die zwölf Jahre ältere Schwester, Anneliese, Michael an der Hand. In seiner frühesten Kindheitserinnerung ist es das erste Mal, dass Michael das Haus verließ, und zum ersten Mal prägte sich ihm der Eindruck ein, auf der Straße zu sein. Vor sich nahm er den Bordstein wahr und es schien ihm, als gehe ihm dieser bis zum Bauch. Im Krankenhaus angekommen wollte er wie gewohnt zur Mutter ins Bett gehen – das wurde ihm jedoch verwehrt.

Im Zentrum Stuttgarts waren Dieterichs von Bombenangriffen bedroht. Michael sah, hörte und roch die Bomben, die fielen, er sah dumpf brummende Fliegerstaffeln, die ihre Bomben über der Stadt abwarfen. Er sah, wie Häuserzeilen in sich zusammenfielen und Staub aufwirbelten. Wieder einmal war Fliegeralarm, die Sirenen heulten laut und durchdringend. Die Familie stürzte rasch in den Luftschutzraum hinunter. Dort standen eng gedrängt allerhand verängstigt schauende Menschen. Ein Luftschutzalarm dauerte mitunter mehrere Stunden an. Und dann war dort ein katholischer Priester, vollkommen schwarz gekleidet. Auf dem Schoß dieses Priesters durfte der zweijährige Bub sitzen. Der Priester holte aus seiner Tasche ein Butterbrot, von dem Michael abbeißen durfte. Während er kaute, erzählte der Priester von Jesus und der Stillung des Sturms auf dem See. Das war Michaels erste biblische Geschichte – zu Hause gab es keine Bibel. Draußen hörte man fallende Bomben, dumpfe Schläge und heulende Sirenen. Und der katholische Priester sprach: „Wind, lege dich. Sturm, lege dich", und wiegte dabei den kleinen Jungen auf dem Schoß hin und her.

Der Sturm legte sich.

Als die schwere Tür nach draußen geöffnet wurde, strömten viel

Rauch und Staub in den Luftschutzraum. Michael blickte, nachdem sie die Treppe nach oben erklommen hatten, auf die zerschossenen Häuserfassaden der Stadt. Auch die Wohnung der Dieterichs war getroffen und zur Hälfte eingestürzt. Daraufhin wurde die Familie von Stuttgart nach Reichenbach an der Fils evakuiert. In einem kleinen Auto mit drei Rädern wurden alle übrig gebliebenen Wertsachen der Familie verstaut und dann ging es aufs Land.

Die Frau, der die Familie zugewiesen worden war, trug den Namen Wurst. Bei dieser Frau erhielten die Eltern regelmäßig Schwartenmagen und schwarze Wurst zu essen. Weil die Worte „Wurst" und „Schwartenmagen" immer wieder gemeinsam fielen, erschienen diese Begriffe Michael wie ein Synonym. Und eines Tages kam es, dass er, der von seinen Eltern zu freundlichem Grüßen angehalten war, Frau Wurst mit „Guten Morgen, Frau Schwartenmagen" ansprach. Karl und Margarete haben ihren Sohn anschließend sehr dafür gescholten.

Michael im Alter von zwei Jahren

Hinter dem Haus, in dem Dieterichs evakuiert lebten, lag eine Fabrik der Familie Luft, die wertvolle Barometer herstellte. Auch das Wohngebäude des Fabrikbesitzers stand auf dem Grundstück. In dieser Fabrik arbeitete Karl Dieterich. Es war Michael streng verboten, zum Haus der Familie Luft zu gehen. Eines Tages hatte er es dann doch geschafft, sich Zutritt zu dem Wohnhaus zu verschaffen. Die erste Tür, die er öffnete, offenbarte ein Zimmer voller Farben, gefühlte fünf Meter hoch, angefüllt mit zahllosen Spielsachen, Bären, Autos, Bausteinen. Es war das Spielzimmer des Sohnes der Familie Luft. Michael nahm ein kleines Auto mit und zeigte es den Eltern. Diese haben ihren Sohn für diesen unerlaubten Blick in die Welt der Familie des Fabrikbesitzers streng gescholten, und er musste das gestohlene Auto sofort zurückbringen. Aber für Michael war es herrlich gewesen, diesen Reichtum gesehen zu haben. Die eigene Wohnung der Eltern war sehr klein, er hatte kein eigenes Zimmer und schlief auf einem kleinen Bett in einer Ecke des Flures.

Der zweite Weltkrieg fand ein Ende. Karl Dieterich musste zur Entnazifizierung nach Nürnberg und ging als Mitläufer straffrei aus. Nach 1945 schämte sich Michaels Vater für seine politische Vergangenheit, die ihm nun auch Angst machte. Die Familie lebte sehr zurückgezogen, es wurde weder Besuch empfangen, noch wurden Besuche abgestattet. Michael sah weder Onkel noch Tanten im Elternhaus. Auch Kindergeburtstage wurden nie gefeiert. Nur der Kirche gegenüber waren die Eltern nun offen, sie traten in die Evangelische Landeskirche ein und Michael erhielt im Alter von fünf Jahren die Taufe. Für den Taufakt kam der Pfarrer extra zur Familie nach Hause. Dieses Ereignis hat sich Michael tief eingeprägt. Durch die bewusst erlebte Taufzeremonie fühlte er sich auch später in seinem Leben anderen christlichen Denominationen sehr nah.

In Reichenbach erlebte er die ersten drei Schuljahre. Ein einbändiger Volksbrockhaus, den die Eltern vor der Evakuierung aus dem verbrannten Haus gerettet hatten, wurde zu seinem engen Begleiter, den er sogar mit ins Bett nahm. Das Buch war vom Feuer der Bomben angesengt. Er las und lernte, so viel ihm möglich war, auswendig. Weitere Bücher für Michael gab es im Haushalt nicht. Michael wurde vom Links- zum Rechtshänder umerzogen. Deshalb ist es ihm bis heute ein Leichtes, mit der linken Hand in Spiegelschrift zu schreiben. Nach der dritten Klasse zog die Familie nach Esslingen am Neckar um. Michael verlor alle seine Freunde. Am neuen Wohnort gewann er kaum neue Freunde. Dafür bekamen er und Roland ein eigenes Zimmer. Der Raum war zuvor eine Abstellkammer, die ausgebaut worden war.

Nach einem weiteren Jahr kam Michael auf das Gymnasium. Auf der Volksschule war er bislang ein guter Schüler gewesen, doch nun, auf der höheren Schule, traten die Nachteile eines einfachen Elternhauses zutage. Erschwerend kam hinzu, dass für die Eltern die Zahlung des Schulgeldes eine zunehmende Belastung wurde. Michael empfand den Schulbesuch als mehr und mehr bedrückend: er konnte viele Schulbücher nicht erwerben – so besuchte er ein Jahr lang den Geschichtsunterricht ohne ein Geschichtsbuch zu besitzen. Die Schule hatte einen Raum für Kinder aus sozial und finanziell schwach gestellten Elternhäusern eingerichtet. Hier mussten sich die Schüler in einer Schlange anstellen, um die Schulbücher auszuleihen – was für Michael eine zutiefst beschämende Situation war – und bei solch einer Aktion erhielt er nur einen Vorkriegsatlas mit den Grenzen von 1939. Zu Weihnachten schenkten die Eltern ihm einen Karl May-Band, den er sich gewünscht hatte – allerdings war dieser antiquarisch erworben und hatte umfangreiche Gebrauchsspuren. Gewünscht hatte er sich ein neues Exemplar. Zu allem Übel wollte ein Freund, der in derselben Straße wohnte und der von seinen Eltern einen neu gedruckten Karl May-Band zu Weihnachten geschenkt bekommen hatte, seinen Band sehen – da log Michael und sagte seinem Freund: „Mein Karl May ist in die Asche gefallen." Er schämte sich so sehr, arm zu sein – und anders zu sein.

Nachmittags saß Michael in einer Ecke am Küchentisch und machte Hausaufgaben. Einen Anreiz zum Lernen bot ihm das Elternhaus nicht. Doch dann wurde die Liebe zur Chemie eine Möglichkeit, der bedrückenden und engen Welt zu entfliehen. In der ersten Klasse des

Gymnasiums erhielt Michael von seinen Eltern einen Kosmos-Chemiekasten. In der Waschküche führte er dann Experimente durch, beliebt war die Mischung aus Kaliumpermanganat und Salzsäure. Der Reaktionsweg setzte einige Energie – und auch Chlordämpfe – frei. Das ganze Haus war mit den Dämpfen ausgefüllt. Michael ging weiter, kaufte in der Drogerie Schwefel, Salpeter, Dünge- und Oxidationsmittel. Den Erwerb der Chemikalien ermöglichte er sich durch das morgendliche Einsammeln von Weinbergschnecken. Die Größe der Schnecken wurde an einem Ring geprüft, und wenn die Schnecken dick genug waren und nicht durch den Ring durchpassten, dann gab es für 1 kg Schnecken 15 Pfennige. Am Nachmittag, nach der Schule, setzte er dann das Geld in Chemikalien um.

Inzwischen war Michael zwölf Jahre alt. Für Reagenzgläser fehlte das Geld. Allerdings gab es bei Esslingen eine Arzneimittelfabrik. Ein Mann erzählte ihm, er sei Mitarbeiter der Fabrik. Das klang für den jungen Chemiker sehr interessant: „Ja, können sie mir auch ein paar Reagenzgläser besorgen?" – „Natürlich, komm doch mal mit", war die Antwort des Mannes. Sie verabredeten sich für einen Samstag, an dem kein Arbeiter in der Fabrik war: „Jetzt zeige ich dir die Fabrik, ich führe dich einmal herum." Die Fabrikräume waren für Michael gänzlich uninteressant. Interessant war für ihn vielmehr, Reagenzgläser zu erhalten. Und dann setzte sich der Mann in einem Raum und forderte ihn auf: „Setz' dich doch mal auf meinen Schoß." Michael wollte das gar nicht, er wollte ja nicht auf einen Schoß, sondern er wollte Reagenzgläser. Aber er vermochte es nicht, sich der Aufforderung des Mannes zu widersetzen. Dieser fing dann an zu schwitzen und zu keuchen, doch bevor er anfangen konnte, Michael anzufassen, war er aufgesprungen und geflohen – ohne Reagenzgläser. Er wurde bewahrt.

Da die chemischen Versuche immer heftiger wurden, verboten Michaels Eltern eines Tages das weitere Experimentieren. Daraufhin verkaufte er seinen Chemiekasten an einen Klassenkameraden zu einem Preis von 5 Mark. Diesem Klassenkameraden hat es dann beim Experimentieren einen Finger weggerissen.

Zum nächsten Weihnachtsfest schenkten die Eltern Michael einen Kosmos-Elektromann und einen Kosmos-Radiomann. Damit verlagerte sich sein Interesse von der Chemie zur Elektrotechnik. Er besaß kein eigenes Radio, doch nun war es ihm möglich, einen Detektorempfänger zu bauen, ein kleines Gerät mit einem Kristall. Hin und wieder gelang es ihm, ein Sendesignal zu empfangen: Michael besaß sein erstes Miniradio.

Von da an verfolgte er immer wieder Radiosendungen, er wollte jedoch das eingehende Signal gern verstärken. Dazu bedurfte es einer Radioröhre. Er kaufte eine Röhre und baute alles nach Vorlage zusammen. Nicht klar war ihm allerdings, dass man zusammen mit dem eingehenden Signal auch die Störfrequenzen verstärkt. Das Signal wurde lauter – aber nicht besser. Von einem Schwingkreis, der einzelne Frequenzen selektiv verstärkt, hatte er zunächst keine Kenntnis. Es war besonders während des Geschichtsunterrichts, dass Michael – inzwischen von seinen Mitschülern „Röhrenmike" genannt – heimlich sein Röhrenbüchlein las: welche Steilheit und welche Spannung haben Röhren? In der Schulpause suchte er ein Radiofachgeschäft auf, um einen Widerstand zu kaufen. Michael wollte sein „Radio" statt mit Batterien mit Netzstrom betreiben: „Geben sie mir bitte einen Widerstand, der die Spannung von 220 Volt auf 6 Volt reduziert." – „Und was noch?", fragte der Händler. – „Na, 6 Volt", gab Michael zurück. Er hatte damals noch nicht verstanden, dass die Ohm'sche Regel besagt, dass U gleich R mal I ist, dass also die Spannung von zwei Parametern abhängig ist, nämlich der Stromstärke und dem Widerstand. Der Verkäufer hat ihm dann diese Regel im Geschäft erklärt, so konnte er sich selbst direkt ausrechnen, welchen Widerstand er brauchte, um die Spannung von 220 Volt auf 6 Volt zu reduzieren. Das zeigt, dass er trotz anfänglicher Rückschläge nicht aufgegeben hat und weiter forschte, bis er erfolgreich war.

Als Michael später mit dreizehn Jahren Funkamateur wurde, besaß er einen amerikanischen Sender und Empfänger. Da erlebte er das erste Mal, was eine Rückkopplung ist. Und nach Mitternacht kamen dann plötzlich die amerikanischen Sender, Paraguay und Israel rein. Auf einmal waren all die Länder, von denen er sonst nur geträumt hat, über seine Funkanlage präsent. Er hörte die Sender in englischer und spanischer Sprache. Auch Israel hörte er: „Here is Gaza Stripe 4X4". Damals gab es kaum Fernsehen. So wurde seine Anlage zu einem Tor in die weite Welt. Zu diesem Zeitpunkt durfte Michael noch nicht funken, weil er noch nicht achtzehn Jahre alt war. Er durfte nur hören. Aber er hatte einen Freund, der älter war, bei dem durfte er hin und wieder zuschauen, wenn dieser funkte. Aufgrund seines technischen Geschicks reparierte Michael in der Nachbarschaft sämtliche Radios. Das faszinierte ihn – Schule war für ihn zu einer Nebensache geworden.

Ein Schulkamerad stammte aus der Fabrikantenfamilie Hengstenberg. Ein anderer Klassenkamerad hatte einen Vater, der Mercedes-Benz-Vertreter war. Beide Kameraden erzählten, wie sie am Wochenende in die Schweiz fuhren, um Ski zu laufen. Das konnte Michael nur schwer ertragen und er sperrte sich dagegen, die Schweiz in seinem Atlas oder auf einer Wandtafel in der Schule auch nur anzusehen. Diese Haltung stand im Widerspruch zu seinem Streben in die weite Welt. Doch er musste sich auf seine Möglichkeiten, die Welt zu erfahren, beschränken.

Mit vierzehn Jahren wurde Michael konfirmiert. Der Bibelspruch stammte aus Haggai 2,23:

„Ich will dich nehmen und wie einen Siegelring halten; denn ich habe dich erwählt, spricht der Herr."

Kein Freund, kein Verwandter wurde zur Konfirmation ins Haus Dieterich eingeladen – was Michael allerdings auch nicht vermisste, weil es ihm nicht anders vertraut war. Nach der Konfirmation besuchte er die Pfadfinder mit dem Namen „Goten", spielte im Posaunenchor und nahm am Kreis junger Männer in Plochingen teil. Eine ganz persönliche Beziehung zu Jesus Christus hatte er jedoch noch nicht.

36

Während dieser Zeit wuchsen die schulischen Schwierigkeiten. Quadratische Gleichungen waren ihm ein Grauen, weil sich niemand fand, der ihm die Mathematik nahebrachte. Neugierige Fragen wie: „Was passiert, wenn man einen Logarithmus nochmals logarithmiert?", wurden von seinem Lehrer mit der Antwort: „Wie kann man so dumm fragen?", quittiert. Die schlechtesten Erfahrungen machte Michael mit seinen Lehrern auf dem Gymnasium.

Um der bedrückenden Situation in der Schule zu entfliehen, brach Michael 1958 das Gymnasium ab und nahm eine dreijährige Lehre als Werkzeugmacher auf. Eigentlich hatte er lieber Elektriker werden wollen, doch es fand sich keine Lehrstelle. Die Firma, in der er schließlich seine Werkzeugmacherlehre absolvierte, produzierte jedoch Rundfunkröhren – das wurde ausschlaggebend für seine Entscheidung für diese Lehrstelle. Während der Lehre stellte Michael Schnittwerkzeuge her. So wie eine Rasierklinge aus einem Stück Stahlblech ausgestanzt werden kann, so können auch andere Produkte aus einem Blech ausgestanzt werden. Dazu müssen Stempel gefertigt werden, die durch Bohren, Drehen und Fräsen entstehen. Die Ausbildung begann mit dem Feilen an einem U-Stahl. Michael fiel die Arbeit als zum Rechtshänder umerzogenen Linkshänder nicht leicht. Er arbeitete schnell aber nachlässig, ganz zur Verärgerung des strengen und korrekten Meisters. Der schimpfte oft und behauptete, Michael verdiene nicht das Salz in der Suppe. Oft musste er mit dem vorgezeigten Werkstück wieder erfolglos und getadelt abziehen. Lichtblick in dieser Zeit war ein lieber Berufsschullehrer, der ihn immer wieder aufforderte: „Kerle, schaff' was. Aus dir muss noch etwas anderes werden." Michael hatte ja kein Abitur. Das Niveau war niedriger als auf dem Gymnasium, aber der Berufsschullehrer nahm sich die Zeit, seinen Schülern das Umstellen von Gleichungen nahezubringen. Als motivierter Schüler hatte er jetzt viel Freude bei seinen Erfolgen in der Mathematik. Dem Lehrer gelang es, das Potenzial in Michael zu erkennen und zu fördern, so dass sich dieser weiterentwickeln konnte. Diese Hilfe prägte sich ihm tief ein – später im Leben wuchs der Wunsch, auch anderen Menschen auf solch eine Weise zu dienen.

Die Hammerzange:
Michaels
Multifunktionswerkzeug in
seiner Jugend

Sehr kreativ war er, wenn es darum ging, zuhause Arbeiten mit seinem einzigen Werkzeug, einer inzwischen nahezu hundert Jahre alten Hammerzange, auszuführen, die er von seinem Vater erhalten hatte. Damit arbeitete er im Haushalt, und auch sein Fahrrad nahm er damit auseinander, ölte es und baute es wieder zusammen, um es schneller zu machen. Für weitere Werkzeuge fehlte das Geld.

Als Michael sechzehn Jahre alt war und die Berufsschule besuchte, nahm sich dort eine Bibliothekarin seiner an: „Jede Woche kommst du zu mir in die Bibliothek, und ich suche dir zwei Bücher heraus, die du dann liest." Als erstes Buch gab sie ihm Albert Camus'[5] „Die

---

5   Albert Camus, *1913, †1960, französischer Schriftsteller und Philosoph. 1957 erhielt er den Nobelpreis für Literatur. Camus gilt als einer der bekanntesten und bedeutendsten französischen Autoren des 20. Jahrhunderts.

Pest". Doch er konnte das Anliegen des Buches gar nicht erfassen. Trotzdem las er weiter, jede Woche gab es zwei neue Bücher. Auf diese Weise holte er die Bildung nach, die andere in schöner Atmosphäre von Anfang an in ihrem Elternhaus erworben hatten. Er verschaffte sich einen neuen Zugang zu Wissen und entdeckte, dass er auch auf diese Weise seinen Forschergeist befriedigen konnte.

Ein Freund, der knapp ein Jahr älter war, lud Michael in den christlichen Jugendkreis ein. So entstand ein erster Kontakt zu Jesus, ohne dass er sich bereits für Jesus entschieden hatte. Dieser Freund namens Siegbert nahm Michael zu einem anderen jungen Mann aus einem gutbürgerlichen Elternhaus mit, der erzählte: „Ich habe hier etwas ganz Phantastisches, die H-Moll-Messe von Johann Sebastian Bach[6]. Hört euch die doch einmal an." Michael konnte die Begeisterung für Bach nicht teilen, fand keinen Zugang zu dieser Musik und schlief beim Hören der Schallplatte beinahe ein. Der Kulturhunger auf dieser künstlerischen Ebene war zu diesem Zeitpunkt bei ihm noch nicht geweckt.

Nach einer Silvesterfreizeit von 1959 auf 1960 fand Michael zum lebendigen Glauben an Jesus Christus. Auf der Freizeit hatte ein Pastor ganz eindrücklich gepredigt, wer Jesus sei, wer Gott sei. Die Heimfahrt von Wildberg nach Stuttgart war am 6. Januar 1960. Michael ließ sich alles Gehörte noch einmal durch den Kopf gehen und hat sich dann im Zug ohne das Beisein eines anderen Menschen für Jesus entschieden. Er entschloss sich fest, von nun an Jesus zu folgen, denn ihm war klar geworden, dass es einmal einen Schuldbrief gegen ihn gegeben habe, dass dieser Schuldbrief jedoch durch Jesus zerrissen worden sei, und dass er nun einen freien Weg zum Vater habe. Eine Großevangelisation hat Michael bis dahin nie besucht.

Nachdem er sich bekehrt hatte, traf er auf einen frommen Leiter einer kirchlichen Einrichtung. Zu diesem Mann mussten alle jungen Männer einzeln ins Auto kommen, und dann musste man mit

---

6 Johann Sebastian Bach, *1685, †1750, deutscher Komponist sowie Orgel- und Klaviervirtuose des Barock, einer der bekanntesten und bedeutendsten Musiker der Welt.

ihm Seelsorge machen. Schnaufend wollte dieser Mann von Michael fortlaufend sexuelle Dinge wissen. Die Betonung in dieser Seelsorge lag allein auf Sexualität. Und Michael wollte das gar nicht. Während der Befragung liefen vom Keuchen dieses Mannes die Autoscheiben von innen an. Da konnte Michael gerade noch die Tür des Autos aufreißen und davonrennen. Und dieser Mann war fromm, er hat den jungen Burschen immer denselben Psalm – Psalm 22 – gepredigt. Michael konnte sich ihm gerade noch entziehen. Der Mann hat ungewöhnliche Freizeiten gestaltet, auf denen die Jungen aufgefordert wurden, nackt in einem Wasserfall in Urach zu baden. Michael hatte den Eindruck, dass er nicht auf diese Freizeit gehen dürfe und erfand eine Ausrede, um nicht teilzunehmen. Später wurde dieser Mann im Zusammenhang mit den Geschehnissen auf diesen Jungen-Freizeiten angezeigt und zu einer Gefängnisstrafe verurteilt. Michael hatte eine Form der Seelsorge kennengelernt, die ihm Unbehagen vermittelte und in ihm den Wunsch weckte, dies alles ganz anders zu machen.

„Irgendwo fehlt etwas", vertraute Michael seinem Freund Siegbert an, „es ist doch komisch, wenn immer nur Männer zusammen sind. Das kann nicht gesund und normal sein." Siegbert teilte diese Ansicht. Erfahrungen mit jungen Frauen hatte Michael nicht, aber er hatte es sich gut gemerkt, als ihm ein Jugendleiter einmal eingeschärft hatte: „Wenn dir Gott die Frau zeigt, die zu dir gehört, dann nimmst du sie in den Arm, gibst ihr einen Kuss und sagst: ‚Wir heiraten.'"

Ab 1960 wollte Michael statt auf eine Jungmännerfreizeit lieber auf eine gemischte Freizeit mit jungen Männern und Frauen fahren.

Die Entscheidung füreinander

Auf der Zugfahrt zur Freizeit in Lugano dachte sich Hilde: „Wo bleibt er denn?" Sie hoffte sehr, dass der junge Mann, der ihr auf dem Freizeitvortreffen in Fellbach aufgefallen war, auch an der Freizeit in Lugano-Crocifisso teilnehmen würde. Hilde war den Zug abgeschritten, aber sie sah ihn auf der Fahrt nicht wieder. Auch bei der Ankunft in Lugano sah sie ihn nicht aussteigen. Michael fuhr jedoch nicht mit dem Zug, sondern mit dem Auto der Eltern seines Freundes. Als Hilde Michael eintreffen sah, schlug ihr Herz höher.

Jugendgruppe auf der Freizeit in Lugano-Crocifisso

Zu Beginn der Freizeit fand ein Zeugnisnachmittag statt. Michael hatte zuvor noch nicht so viele Predigten gehört, deshalb konnte er nicht mit so fromm klingenden Worten sprechen. Sein Zeugnis berührte sie sehr, weil die Worte so echt aus ihm heraus sprudelten.

Den ersten Kontakt hatten sie dann, als sie im Bus saßen und über die Rechte der Arbeitnehmer miteinander ins Gespräch kamen: Hilde hatte nur vierzehn Tage Urlaub im Jahr, Michael hatte als Lehrling drei Wochen frei. Deshalb wies er sie auf ihre Rechte

41

hin, schärfte ihr ein, dass sie für sich kämpfen müsse, damit sie auch zu ihrem Urlaub komme.

Hilde im Alter von achtzehn Jahren   Michael im Alter von achtzehn Jahren

Die Enge der damaligen Zeit zeigte sich unter anderem darin, dass eine kleine Gruppe aus der Freizeit, als sie abends die Füße in einen Brunnen hingen, von der Leitung über ihr „unsittliches Verhalten" gerügt wurde. Die Leiter hatten Befürchtungen, dass sich Hilde und Michael näherkommen könnten: „Das tut man doch nicht, dass man die Beine in den Brunnen reinhängt." Doch für Hilde wurden die Erlebnisse am Brunnen so einschneidend, dass sie zuhause in Bodelshausen den Brunnen malte.

Die Freizeit ging zu Ende und alle Teilnehmer erlebten in Lugano eine schöne Zeit – so schön, dass sie danach noch einige Freizeitnachtreffen geplant haben. Man hat sich immer wieder an verschiedenen Orten getroffen – und einmal auch bei Hildes Eltern. Für jedes Treffen mit Michael notierte Hilde in ihrem Kalender ein „M" mit einem Kreis drum herum – immer, wenn ein kleines Freizeitnachtreffen war. Und dann kam Hildes Chef und sagte: „Da sieht die Hilde wieder den Michael." Hilde fragte ihren Chef, woher er wisse, dass er Michael heiße – er heiße doch „M". „Ich weiß einfach, der heißt Michael". Hilde und Michael schrieben sich in dieser Zeit kaum. Sie sahen sich nur bei Freizeitnachtreffen.

Brunnen mit Krug in Lugano. Aquarellzeichnung von Hilde
aus dem Sommer 1960

Die beiden waren sehr für Kinder und Jugendliche engagiert. Hilde half in der Kinderkirche und gründete einen Kinderchor, als sie merkte, wie gut die Kinder singen konnten. Die Kinder hatten schöne Stimmen, und Hilde studierte mit zehn Mädchen dreistimmige Lieder ein, die immer wieder in den Gottesdiensten vorgetragen wurden. Michael leitete eine Jungschar für die jungen Buben. 1961 überlegte er, wo er ein Sommerferiencamp mit seinen Jungscharbuben machen könnte. Da schlug Hildes Vater vor, dass ein Waldhaus des CVJM bei Bodelshausen, unweit von Hildes Elternhaus, genutzt werden könnte. Michael und sein Freund Siegbert nahmen das Angebot an. Sie hatten ungefähr fünfzehn Buben dabei. Vor der Freizeit haben sie das Waldhaus weiß gestrichen und schön hergerichtet. In der Waldhütte gab es keinen Strom und kein Wasser. Die Buben schliefen oben im Heulager und Michael musste jeden Morgen Wasser mit großen Eimern holen gehen. Dazu lief er etwa dreihundert Meter zu einer Wasserquelle. Die Buben gingen über eine Leiter nach oben ins Heulager. Und wer pinkeln musste, hat oben aus einem Türchen rausgepinkelt.

Waldhäuschen bei Bodelshausen, in dem die Jungscharfreizeit 1961 stattfand. Aquarellzeichnung von Hilde im Sommer 1961

Michael kochte auch auf der Freizeit, obwohl er das eigentlich nicht recht konnte. Er kochte häufig Spaghetti, und es wurde ihm zuvor gesagt, dass er viel Öl reintun sollte, damit die Spaghetti gut werden und den Buben gut schmecken. Hilde kam hin und wieder, um Salat zu putzen. Ihre Mutter war auch sehr engagiert und sie hat ausgeholfen und ein Festessen für die Jungen zubereitet. Selbstgemachte Maultaschen waren bei den Kindern sehr beliebt. Bei einem der Kocheinsätze waren Hilde und Michael allein. Alle anderen waren auf einer Schnitzeljagd. Michael bemalte im Waldhaus Baumrinden mit Bibelversen und Blumen. Sie hatte an diesem Tag ihre Geige dabei und spielte ihm jetzt vor. So bemalte Michael seine Baumrinden und Hilde spielte dazu ein Lied vom Zigeunerkind. Michael schaute auf und blickte auf Hilde. Und sie wusste – ohne Worte, allein durch diesen Blick – dass er sich für sie entschieden hat.

In Tübingen am Bahnhof hat Michael sie dann gefragt, bevor er die Rückfahrt von der Jungscharfreizeit nach Hause antrat: „Möchtest du meine Frau werden?" In Tübingen war sie geboren. Und in Tübingen hat sie sich für Michael entschieden. Das war am Bahnhof ein unspektakulärer Beginn einer liebevollen Beziehung: „Ja, das will ich."

Jahre zwischen Entscheidung und Hochzeit

Für Michael begann ab dem Sommer 1961 das dreijährige Ingenieursstudium mit einer nachfolgenden Assistenzzeit bei Professor Hasel. Die Lehre als Werkzeugmacher hatte er vor den Sommerferien bereits erfolgreich abgeschlossen und hatte ohne Abitur – nach einer Aufnahmeprüfung – einen Platz zum Ingenieursstudium erhalten. Die jetzt kommende Zeit war zwar arbeitsreich aber auch eine Stärkung – für Hilde war es eine Zeit der Kämpfe.

In die große weite Welt wollte sie hinaus. Ihr Herz schlug für Israel und sie wollte zu „Aktion Sühnezeichen", wollte Steine schleppen und in einem Kibbuz mitarbeiten. Die Sehnsucht nach Israel keimte in ihr schon seit 1948, als der geliebte „Ähne" durch das Haus rief: „Kinder, Kinder, es kommt bald der Heiland. Israel ist jetzt ein Staat, der Feigenbaum hat Blätter bekommen."

Aber es kam anders. Ohne Rückfrage vermittelten Ella und Georg ihrer Tochter stattdessen ein Beschäftigungsverhältnis im Hänssler-Verlag. Hilde hatte die Jahre zuvor bei ihrem Konzertgeiger Unterricht, übte Gesang bei einer Opernsängerin – doch diese Ausbildung war ohne Papiere. Friedrich Hänssler[7] versprach Hilde: „Du brauchst das alles nicht, bei uns kannst du alles werden – ohne Brief und Siegel." So arbeitete sie im Verlag und wurde auch zur „Tante Hilde", die bei Hänsslers Kindern schlief und den Sohn Frieder nachts auf den Topf setzte. Überwiegend nahm sie in den folgenden Jahren auch an den Urlaubsreisen der Hänsslers teil, selten begleitete sie Michael auf einem der vielen Treffen und Jugendfreizeiten, die er besuchte.

---

7 Friedrich Hänssler, *1927, Theologe, Musikwissenschaftler und langjähriger Leiter des Hänssler-Verlags, ein bedeutender protestantischer Verleger des 20. Jahrhunderts.

Die Welt bei Hänsslers war so ganz anders als Michaels Welt. Die Verlagswelt war hoch interessant und spannend. Sie hatte die Gelegenheit, viele Komponisten kennenzulernen. Einmal ist Hilde mit Friedrich Hänssler auch zu Helmut Barbe[8] gereist, der damals schon den Titel „Wegbereiter des Genres ‚Neues Geistliches Lied'" trug und durch das Musical „Hallelujah Billy" bekannt geworden war. Sie erlebte, wie die einzelnen Musiker ganz beglückt waren, wenn ihnen Audienz bei Friedrich Hänssler gewährt wurde und wie er die Menschen mit Hebräischkenntnissen in seinen Bann zog. Sie durfte auch auf die Buchmesse nach Frankfurt fahren. Hänssler öffnete ihr ein Tor zur Welt.

Die Zeit, in der sie im Verlag arbeitete, umfasste ein buntes Arbeitsprogramm, das ihre Flexibilität und Begabung herausforderte. Als sich im Verlag der Bedarf nach einer Kinderliedersammlung zeigte, stellte Hilde diese Sammlung zusammen und illustrierte das in hoher Auflage erschienene Liederheft mit vielen Scherenschnitten.

Impressionen vom Rechberg, links: Kohlezeichnung von Hilde, rechts: Tuschezeichnung von Michael, Sommer 1965

---

8 Helmut Barbe, *1927, deutscher Komponist.

Da damals die Fäden der Freizeitarbeit des Württembergischen Brüderbundes im Hänssler-Verlag zusammenliefen, layoutete sie mit Illustrationen das erste Programm der späteren Freizeithefte, die den Namen „Leuchtfeuer" trugen.

Hilde wohnte im Haus der Hänsslers und so entwickelte sich auch eine intensive Beziehung zu den Kindern. So fing sie an, den sechsjährigen ältesten Sohn Frieder das Geigenspiel zu lehren. Da er mit ihr das Zimmer und die täglichen Essenszeiten teilte, hatte er Vertrauen und Motivation, von ihr unterrichtet zu werden.

Manchmal trafen sich Hilde und Michael in Stuttgart. Hilde kam aus Plieningen oder aus Hohenheim, fuhr etwa eine Stunde nach Stuttgart – und brauchte auch diese Zeit, um die Welt der Hänsslers hinter sich zu lassen und sich auf Michael einzustellen. Wenn sie sich dann sahen, dann waren entweder das Café oder Restaurant geschlossen – oder Michael hatte kein Geld. Es gab keine gastronomischen Ereignisse, sie kauften allenfalls ein Eis an einem Stand. Eine schöne Gemeinschaft erlebten sie beim Malen. Sie saßen dann gemeinsam auf einer Treppe, wählten dasselbe Motiv und jeder malte es auf seine Weise. Es entstand wieder Nähe. Kunst sollte – neben ihrem gemeinsamen Glauben – ein verbindendes Element in ihrem Leben werden.

Im Sommer 1963 gestaltete Hilde eine Mädchenfreizeit in dem bekannten Waldhäuschen bei Bodelshausen. Die technische Leitung oblag ihr, Mutter Ella kochte, die Bibelarbeiten leitete eine junge Frau von der Bibelschule. Die Freizeit wurde – wie auch Michaels Freizeiten – vom Württembergischen Brüderbund getragen, für den Friedrich Hänssler im Vorstand saß. Michael, der inzwischen einen Motorroller besaß, besuchte Hilde auf der Mädchenfreizeit und brachte eine Kiste voller Birnen mit.

Mädchen - Freizeit I

(9 - 14 Jahre)

vom 29.Juli bis 8. August
im Jugendheim in Erkenbrechts-
                               weiler

Preis: DM 60,-

Beste Unterbringung in einem
neuen Jugendheim unter guter
Leitung der Schwestern
Maria Bauer und Ilse Gerber.

Erkenbrechtsweiler, am Rande der
Alb hat viele Möglichkeiten, um
Wanderungen zu machen (Teck,
Neuffen)

Wer will seine Ferien hier verbringen, inmitten einer Schar
junger Mädchen?

Fahrt: Im Omnibus ab verschiedenen, zentral gelegenen Orten.

Anmeldung: Schwester Maria Bauer, 7312 Kirchheim / Teck, Marktplatz 4 II

Mädchen-Freizeit II

(11 - 14 Jahre)

im Waldheim in Bodelshausen bei Hechingen vom 29.7. - 9.8.
Preis: DM 35,- bis 40,- ohne Fahrt

Mädchen - Freizeit III

(11 - 14 Jahre)

im Waldheim in Bodelshausen bei Hechingen vom 9.8. - 22.8.
Preis: DM 35,- bis 40,- ohne Fahrt

Da wir im vergangenen Jahr nicht alle Mädchen unterbringen konnten,
finden diesmal 3 Mädchenfreizeiten statt.

Leitung und Biblisches Wort: Margarete Prüss u.Antje Ebert (Adelshofen)

Die Kinder schlafen in
einem Dachraum auf Matratzen.
Wanderungen auf den Hohen-
zollern usw. sind vorgesehen.

Anmeldung: Hilde Schweikert
           7 Stgt.-Hohenheim
           Hattenbachweg 16

Bei den billigeren Freizeiten II und III sind die
Plätze beschränkt.

Evtl. zu spät Angemeldete
können nicht mehr aufge-
nommen werden.

Von Hilde gestaltete Einladung
zur Mädchenfreizeit des Brüderbundes, 1963

49

Bis 1964 waren die Teenagerfreizeiten nach Geschlechtern getrennt. Da forderte Hilde bei einem Planungstreffen des Brüderbundes: „Der Zopf muss ab. Wir sollten gemischte Freizeiten anbieten. Im Gymnasium werden die Kinder ja auch gemeinsam unterrichtet." Trotz aller Skepsis des Vorstands konnten Hilde und Michael von da an gemischte Freizeiten in Arzl im Pilztal in Österreich, in Belchenhöfe und im Walsertal leiten. Zwischen den Freizeiten verlobten sie sich am 26. Juli 1964. Michael war bereits seit vier Semestern auf der Ingenieursschule. Und es war unter den Studenten Sitte, sich nach dem Vordiplom zu verloben. Hilde empfand die Zeit zwischen Verlobung und Hochzeit als ein Nebeneinanderherleben. Sie trugen zwar beide einen Ring, aber es waren bis zur Hochzeit noch einmal zwei Jahre zu überbrücken. Für Michael war der Ring eine Hilfe. Inzwischen bemerkten junge Frauen, dass Michael als Mann erwachte, er war attraktiv und begehrt. Doch er hatte die Stärke danach zu handeln, dass er verlobt war.

Bild vom Tag der Verlobung, 26. Juli 1964

Nach Abschluss des Ingenieursstudiums erhielt Michael ein Stellenangebot von Carl Zeiss[9] Oberkochen, aber auch die Bundeswehr warb um ihn mit der Aussicht auf eine Offizierslaufbahn. Zugleich wurde ihm eine Stelle in der Heil- und Pflegeanstalt in Stetten im Remstal offeriert. Dort gab es eine Werkstatt für Behinderte, die auch ausgebildet wurden. Angegliedert war eine Berufsschule und ein leitender Mitarbeiter machte dort das Angebot: „Sie können Berufsschullehrer werden, und wenn sie die Stelle annehmen, dann erhalten sie vierzehn Tage Sonderurlaub." Nachdem er an sich selbst erlebt hatte, wie sehr sich ein Mensch ändern kann, wenn er von einem motivierten Lehrer gefördert wird, wollte er seine guten Erfahrungen auch an andere weitergeben, und so fragte er Hilde: „Ich bin fertig als Ingenieur und habe eine Chance, Lehrer in einer Heil- und Pflegeanstalt zu werden. Kannst du dir vorstellen, dass ich noch einmal studiere? Das Studium an der Berufspädagogischen Hochschule in Stuttgart würde ich bezahlt bekommen." Weil man dringend Berufsschullehrer brauchte, konnte er ohne Abitur sofort mit dem Studium beginnen. Hilde war einverstanden. So absolvierte Michael ein zweisemestriges Studium und lernte neben Elektrotechnik auch all die allgemeinbildenden Fächer, die ihm in der Schule fern gewesen waren. Er lernte Deutsch, Geschichte und Politik.

Zum Ende des Studiums planten die beiden ihre Hochzeit.

---

9 Carl Zeiss, *1816, †1888, deutscher Mechaniker und Unternehmer. Er gründete die Firma Carl Zeiss, ein Unternehmen der feinmechanisch-optischen Industrie, seit den 1990er Jahren auch auf dem Gebiet chirurgischer Navigationssysteme tätig.

Hilde im Jahr der
Eheschließung,
Ölbild
von Michael, 1966

Berufsstart und Familiengründung

Die beiden nahmen ihren Trauspruch aus Philipper 3,13:

„Ich vergesse, was hinter mir liegt, und strecke mich aus nach dem, was vor mir liegt."

Das Vorwärtsschauen sollte ein wichtiges Kennzeichen des Paares werden.

Im Hochzeitsurlaub lernte er fleißig für den Abschluss an der Berufspädagogischen Hochschule. Nach dem erfolgreichen Examen wurde er im Alter von 24 Jahren der jüngste Berufsschullehrer Baden-Württembergs. Die Einstellung erfolgte sofort als Gewerbeoberlehrer.

Schon vor der Hochzeit fiel die Entscheidung, nach der Eheschließung in Harthausen auf den Fildern zu wohnen. Hier eröffnete die Firma Hänssler einen Buchladen, in dem es eine kleine Wohnung gab. Friedrich Hänssler bot die Wohnung an, sofern Hilde den Laden führte. Das junge Paar nahm an. Die kleine Wohnung war höchst einfach. Ein Teil des Schaufensters wurde verschlossen, um in der ehemaligen Ausstellungsfläche ein Schlafzimmer einzurichten. Die Küche war sehr klein und schmal. Ein Bad gab es nicht, man wusch sich in der Küche. Nach hinten raus war ein kleines, kaltes Wohnzimmer angebaut. Nach dem Einzug richtete Michael im Keller des Hauses ein Bad mit einer holz- und kohlebefeuerten Badewanne ein. Die beiden waren jeden Tag im Laden, der trotz allen Einsatzes nicht gut lief und rote Zahlen schrieb. Michael fuhr täglich hinab in die 35 Kilometer entfernte Berufsschule in Stetten. Bei der Rückkehr am Abend fragte er jedesmal: „Wie hoch war heute der Umsatz?" Der Laden führte neben christlicher Literatur auch

Schreibwaren, jedoch keine Illustrierten. Der Verkauf war über das Jahr hinweg schleppend, nur zu Weihnachten kam er in Gang – zu diesen Zeiten mussten neben Michael auch seine Eltern im Laden mit anpacken.

Nie sprach das Paar über Verhütung. Gleich bei der ersten Gelegenheit, schwanger zu werden, bekam Hilde ein Kind. Sie litt unter Übelkeit und Erbrechen. Immer wieder klingelte die Ladentür, und sie musste ins Geschäft vorgehen. Schwangerschaft und Beruf stellten sich als große Belastung heraus. Als ihr zu allem Überfluss ein Stiftzahn brach, klebte Michael Hilde die Krone wieder mit einem Zweikomponentenkleber ein, damit sie nicht mit einer Zahnlücke im Laden stehen musste. Zusätzlich machten ihr eine Blasenentzündung und Schlafstörungen zu schaffen. Schließlich suchte die werdende Mutter einen Arzt auf, der im Herbst 1966 in seine Schublade griff und die Schlafstörungen mit einem Präparat aus einer Werbepackung therapieren wollte. Zuhause forderte Michael Hilde auf: „Zeig mir mal die Packung." Sie zeigte die Packung vor: „Contergan" stand in hellblauer Schrift auf dem grauen Schächtelchen. Michael sagte sofort: „Das nimmst du nicht!" Er kannte den Medikamentennamen aus den Medien und wusste um dessen Gefahren. Am 14. März 1967 wurde ihnen ein gesundes Mädchen, Eva-Maria, geboren. Fromme Freunde des jungen Paares rechneten nach, wann Eva-Maria gezeugt worden war, und stellten sich unter verdeckter Hand die Frage, ob die Dieterichs vielleicht heiraten *mussten*.

Es wurde eine kleine Wiege angefertigt, die hinter einem heruntergelassenen Rolladen im Schaufenster des Ladens stand. Im Sommer 1967 – kurz nach der Geburt ihrer Tochter – leiteten die jungen Eltern eine gemischte Freizeit für Jugendliche im Alter zwischen vierzehn und sechzehn Jahren im Kleinen Walsertal. Während sie in einem Auto zur Freizeit anreisten, fuhren die Jugendlichen im Bus – und übten dort gleich, wer am längsten küssen könne. Mit der Frage: „Wie können wir auf der Freizeit zusammen sein, ohne dass wir zur Anfechtung werden?", beriefen Hilde und Michael auf der Freizeit sofort ein Jugendparlament ein. Auf diese Weise in die

Pflicht genommen, entschieden die Jungens selbstbestimmend: „Wir dürfen nicht mit nacktem Oberkörper herumlaufen." Und die Mädchen fassten den Entschluss: „Es darf sich während der Freizeit keine Freundschaft zwischen einem Jungen und einem Mädchen entwickeln. Nur nach der Freizeit darf eine Freundschaft entstehen." Die Jungen stimmten zu. Eine Ausnahme wurde für ein junges Pärchen, das schon vor der Freizeit befreundet war, beschlossen: Die zwei durften abends gemeinsam Milch holen gehen.

Hochzeitsfoto von Hilde und Michael, 21. Mai 1966

Neben dem Jugendparlament gab es auch eine „Motzstunde", in der die Jugendlichen alles vorbringen durften, was die Leiter ihrer Ansicht nach falsch machten. Damit herrschte von Anbeginn Basisdemokratie im Jugendlager. Der Freizeitausschuss des Brüderbundes war über diese Form der Einbeziehung der Jugendlichen anfänglich sehr verwundert. Doch von diesem Zeitpunkt an fanden auch an anderen Orten gemischte Teenagerfreizeiten statt. Das Programm hatte sich bewährt.

Auf einer Freizeit in Belchenhöfe nahm sich ein Mädchen namens Christine vor, am Abend vor ihrem Zeugnis noch recht zu sündigen, damit sie dann vor der Versammlung etwas zu berichten hätte. „Nein, so geht das nicht. Du musst erzählen, was du *mit* Jesus erlebt hast, nicht, was du *vor* der Zeit mit Jesus erlebt hast." Nachts um ein Uhr klopfte Christine an die Tür von Hilde und Michael: „Ich möchte jetzt mein Leben Jesus übergeben." Michael wollte keine emotionale Entscheidung und rief durch die verschlossene Tür: „Nein, heute Nacht wird nicht bekehrt. Wenn deine Entscheidung echt ist, dann geht das auch noch morgen früh." Am nächsten Morgen sagte das Mädchen dann: „Jetzt bin ich wieder klar im Kopf. Jetzt will ich nicht mehr." Im Laufe der Freizeit entschied sich Christine dann aber doch noch für Jesus und fällte eine Entscheidung nicht nach Gefühl, sondern mit dem Verstand.

Während der Freizeit nahm Michael eine fünf Meter lange Tapetenrolle und zeichnete mit den Freizeitteilnehmern den Heilsplan Gottes auf, sprach von der Königsherrschaft im Judentum, von Jesus Christus und der Offenbarung. Die jungen Menschen waren vollkommen überwältigt von der Größe des Plans und von den Geschehnissen, die noch auf die Menschheit zukommen. Viele führte der Heilsplan Gottes zu einer verbindlichen Hingabe an Jesus. Anhand der Bibel wurde den jungen Menschen klar, warum Jesus kommen musste. Gott ist ein gnädiger Gott, der es immer wieder mit den Menschen probiert, der uns, weil er gnädig ist, immer wieder eine neue Chance gibt, einen Neubeginn zu erleben. Mit der Tapetenrolle wurde der Heilsplan Gottes Tag für Tag mit den Jugendlichen durchgearbeitet. Viele der jungen Menschen sind durch diese Klarheit und Größe Gottes zum Glauben gekommen: „Was muss das für ein Gott sein, der es sich erlauben kann, dass man auch gegen ihn ist? Die jungen Leute hatten bisher immer nur vom ‚süßen Jesulein' gehört. Aber man muss einmal nach vorne denken, was es Gott kostet, uns zu schaffen – nicht als Marionetten –, sondern als ganz freie Geschöpfe, die sagen können: ‚Ich bin gegen dich, Gott.' Das ist Freiheit."

Schon bald wurde Hilde wieder schwanger. Auch während der zweiten Schwangerschaft litt sie wieder unter starker Übelkeit und Erbrechen, außerdem weinte die kleine Eva-Maria, wenn sie allein gelassen wurde. Die Arbeit in Hänsslers Laden überstieg ihre Kräfte. Da kam Michael eines Tages nach Hause und berichtete freudestrahlend: „Weißt du was, wir ziehen um! Ich habe ein Haus angeboten bekommen, das wird dir gefallen." Das Haus stand in Stetten im Remstal, nahe bei seinem Arbeitsplatz. Im achten Schwangerschaftsmonat zog die Familie um.

Sechzehn Monate nach Eva-Maria kam Jörg am 3. Juli 1968 zur Welt. Er erhielt seinen Namen nach Hildes kleinem Brüderchen. Es war ein heißer Sommer. Hilde war entkräftet – und sie vermochte nicht, den kleinen Jungen zu stillen. In der Klinik machten sie einen letzten Versuch mit einer Pumpe der Größe 6 – vergeblich, es kam keine Milch. So entschloss sie sich, Jörg für zwei Wochen in die Obhut der Schwestern zu geben, denen Michael im Schwesternheim Chemieunterricht erteilte. Diese haben Jörg ganz liebevoll aufgenommen. Eva-Maria kam zur Großmutter – und Hilde ging mit Michael auf die bereits seit langer Zeit geplante Jugendfreizeit. „Das hätte ich nicht tun sollen", wurde Hilde bewusst, als sie nach der Freizeit in eine Neubauwohnung mit 90% Luftfeuchte zurückkehrte und als nach zwei Wochen harter Beanspruchung durch die beiden kleinen Kinder alle Gelenke weh taten. Der Arzt diagnostizierte Gelenkrheumatismus. Umzug, Geburt, Freizeit, feuchte Wohnung und zwei kleine Wickelkinder wurden Hilde zur Überbeanspruchung. Es gab noch keine Pampers, man wusch die Stoffwindeln, und wenn es regnete, dann spannte Hilde vier Schirme über der Wäscheleine auf. Jetzt wurde ihr Ruhe verordnet. Die Familie musste mit anpacken, um die junge Mutter zu entlasten.

Montagabends leitete Michael nach der Berufsschule seine Jungschar in Zell bei Esslingen. Zugleich ließ er sich während der Zeit in Stetten zum Leiter eines Jungendkreises des Brüderbundes in Rommelshausen berufen. Intellektuell und humorvoll nahm er mit den jungen Menschen im Jugendkreis Immanuel Kant[10] durch. Schließlich war er frisch von der Berufspädagogischen Hochschule in Stuttgart abgegangen und besaß neue Erkenntnisse in Deutsch und Geschichte, die ihm durch die Lehrer am Gymnasium versagt geblieben waren und die er nun im Studium nachträglich erworben hatte. Mit fünf Jugendlichen fing alles an. Bald verdoppelte sich die Gruppe auf zehn, dann auf zwanzig Jugendliche. Michael lebte mit den jungen Menschen. Um fünf Uhr morgens trafen sie sich wöchentlich zu einem Gebetsfrühstück, sonntags gab es nachmittags Gitarrenunterricht, am Wochenende war Jugendstunde. In der Schule warben die zwanzig Jugendlichen neue junge Menschen an, und so wuchs der Jugendkreis auf über hundert Personen an. Das ganze Remstal war mit jungen Menschen erfüllt, die diesen Jugendkreis besuchten. In den Räumlichkeiten des Gemeinschaftshauses mussten Türen durchbrochen werden, die Jugendlichen waren es gewohnt, auf dem Boden zu sitzen, weil es nicht genügend Stühle gab. Und Rommelshausen war ein Dorf, keine Stadt. Hilde unterstützte Michael nach Kräften. Die Arbeit im Jugendkreis entwickelte eine neue Dynamik für den ganzen Brüderbund. Die jungen Leute kamen von Orten über das Remstal hinaus. Festes Thema war neben den Bibelarbeiten der Heilsplan Gottes für diese Welt. Doch manche Prediger sahen das alles argwöhnisch: „Kann ein Nichttheologe so viele Menschen richtig ansprechen?" Das wortflüssige Sprechen eignete sich Michael in dieser Arbeit mehr und mehr an, und auf

---

10 Immanuel Kant, *1724, †1804, deutscher Philosoph der Aufklärung, der zu den bedeutendsten Vertretern der abendländischen Philosophie zählt. Sein Werk „Kritik der reinen Vernunft" begründete den Beginn der modernen Philosophie.

einer Lehrprobe fragte sein Professor: „Kerle, woher hast'n des?" Er wollte wissen, wie sich Michael so in seiner Art vor die Klasse hinstellen und frei sprechen konnte. „Das habe ich in der Jungschar und im Jugendkreis gelernt", gab Michael zurück. Er hatte keine Mühe als Lehrer.

Der Weg zum wissenschaftlichen Assistenten

Neben seiner Berufsschultätigkeit an der Anstalt in Stetten durfte Michael durch die Verbindung mit einem väterlichen Freund auch am Gymnasium Physik und Chemie lehren. Es herrschte ein so großer Lehrermangel an den Gymnasien, dass man ihn als nichtstudierten Gymnasiallehrer einsetzte. So führte er – ohne Abitur – junge Menschen zur Abiturprüfung und arbeitete sich dazu selbst in die beiden Fächer ein.

Ende der 1960er, Anfang der 1970er Jahre gab es die Möglichkeit, dass Berufsschullehrer mit abgeschlossenem Ingenieursstudium in einem verkürzten zweijährigen Aufbaustudium an der Universität Physik, Chemie oder Biologie studieren durften, um dann, nach dem Examen, als vollwertige Lehrer am Gymnasium eingesetzt werden zu können. Nach Rücksprache mit seiner Frau bewarb sich Michael schriftlich um einen Studienplatz an der Universität Stuttgart-Hohenheim. Auf den Antrag erhielt er jedoch keine Antwort. Da ging er an die Universität und sprach persönlich vor: „Ich möchte dieses Studium machen." – „Ja, warum nicht?", kam als Antwort, und so öffneten sich die Türen. Viel später hat er erfahren, dass sein ursprünglicher schriftlicher Antrag abgelehnt worden war und die Ablehnung durch ein Versehen nicht mit der Post zugestellt worden war. Nach Aufnahme an der Universität studierte er ab Herbst 1970 an drei Tagen in der Woche, an zwei Tagen lehrte er in der Berufsschule und abends gab er Meisterkurse für angehende Mechanikermeister. Die Formeln zur Atomphysik, in der Zusammenhänge in Mathematik gekleidet wurden, gehörten zu den schwersten Herausforderungen in seinem Leben. Bei den Gleichungen von Lagrange[11] stieg er intellektuell aus, er begriff sie nicht und es war die einzige Semesterprüfung, die er nicht bestand. Trotzdem legte er im Sommer 1972 erfolgreich das Staatsexamen ab. In dieser Zeit war seine Frau mit dem dritten Kind schwanger. Am 13. November 1972 wurde Rebekka Magdalena geboren.

Familienfoto im Haus der Eltern Schweikert, 1973

Von nun an arbeitete Michael nicht mehr als Berufsschullehrer in der Anstalt Stetten, sondern mit einer vollen Stelle als Beamter am staatlichen Gymnasium, zunächst als Referendar, dann als Studienassessor, als Studienrat und zuletzt als Oberstudienrat.

Während des Studiums an der Universität in Stuttgart-Hohen-

---

11 Joseph-Louis de Lagrange, *1736, †1813, italienischer Mathematiker und Astronom, der die analytische Mathematik begründete und unter anderem auf dem Gebiet des Dreikörperproblems der Himmelsmechanik und der Theorie der komplexen Funktionen arbeitete.

heim gewann er einen guten Freund, Johann Ceh. Dieser war ein tiefgläubiger Katholik. Beide, Michael und er, hatten sich ohne Abitur hochgedient. "Was machen wir jetzt noch? Wir haben ja schon fast alles", sprachen die beiden Männer zueinander. Da bemerkte Johann: „Weißt du was? Jetzt sollten wir noch Medizin studieren." Die beiden betreuten als Hilfsassistenten die vorklinischen Praktika der Medizinstudenten in Physik und Chemie und stellten fest: „Das, was die können, vermögen wir doch eigentlich auch." Aber zu einem weiteren Universitätsstudium war das Abitur erforderlich. In den Einrichtungen, in denen er seinen Studienwunsch vortrug, wurde Michael stets abgelehnt. Aber es gab das „Begabtenabitur". Er kaufte Bücher, lernte Latein. Alles erschien ihm langweilig und für einen Menschen, der bereits im Leben steht, sehr schwierig. Doch als er sein Anliegen vortrug, zum Begabtenabitur zugelassen zu werden, wies man ihn an, erst einmal nachzuweisen, dass er „hochbegabt" sei. Dazu mussten Belege vorgewiesen werden, dass er in den Schulklassen, in denen er unterrichtet wurde, jeweils zu den zehn besten des Jahrgangs zählte. Michael schrieb seine Schulen an. Schließlich wurde er zugelassen und legte die Hochbegabtenprüfung zum Studium ohne Abitur ab. Jetzt durfte er studieren – auch Medizin. Aber ein kompletter sechsjähriger Studiengang erschien Michael dann doch zu umfangreich. Mit Johann Ceh kam ihm jedoch die Idee: „Vielleicht können wir ja promovieren." Johann Ceh trat an den Lehrstuhl für Betriebspsychologie, Michael an den Lehrstuhl für Berufspädagogik in Stuttgart heran. Dieser Lehrstuhl war gerade neu eingerichtet worden. „Nein", sagte der Lehrstuhlinhaber, „promovieren können sie nicht. Sie müssen erst einmal einen Master, einen Magister Artium, erwerben." So studierte Michael ab dem Herbst 1974 Berufspädagogik und Psychologie. Über die Eingangsvorlesung zu Semesterbeginn hinaus suchte er allerdings keine weiteren Vorlesungen auf; die Eingangsveranstaltung zeigte ihm, welche Literatur er lesen musste, um sich das geforderte Wissen anzueignen: „Es ist ja nicht gesagt, dass man die Vorlesungen besuchen muss – man muss nur den Stoff beherrschen." Zudem hatte er neben den vielen anderen Verpflichtungen auch gar keine Zeit, die Veranstaltungen zu besuchen. Ausschließlich zu den Prüfungen bei scheinpflichtigen Veranstaltungen erschien Michael in der Universität. Am 19. Dezember 1977 kam es zum Magisterabschluss in Berufspädagogik und Psychologie. Die Masterarbeit hatte den Titel „Zur Berufsausbildung lernbehinderter Jugendlicher" und erhielt eine Auszeichnung durch die „Freunde der Universität Stuttgart", die mit 1000 Mark dotiert war. Die Masterarbeit Michaels wurde danach auch publiziert.

Sein Professor, der die Masterarbeit betreute und beurteilte, Karlheinz Sommer, bot ihm daraufhin eine halbe Stelle als wissenschaftlicher Assistent im Institut an. Michael stimmte zu und reduzierte seine Lehrtätigkeit am Gymnasium entsprechend. Jetzt, als wissenschaftlicher Assistent, konnte er mit einer Dissertation beginnen. Zwei bis drei Vorlesungen hatte er zu halten, verfügte aber auch über genügend Freiraum, um sich der Forschung zu widmen. Er las als Praktiker die Didaktik der Elektrotechnik für Berufsschullehrer. In der weiteren wissenschaftlichen Forschung diente die Masterarbeit als grundlegende Bestandsaufnahme zur weiteren Dissertation, für die der Titel „Ein Beitrag zur Berufsreifemessung lernbehinderter Jugendlicher" erarbeitet wurde. Während die Masterarbeit beschrieb, was es schon gab, lieferte die Dissertation empirische Daten zur Berufsreifemessung. Ein neuer Test, der Handwerklich Motorische Berufseignungstest HAMET, konnte zeigen, was die jungen Menschen leisten konnten, und besonders der Gedanke der Förderdiagnostik hat Michael bewegt.

Engagement für Jugend und Freizeiten

Hilde und Michael bemerkten immer mehr, dass es viele junge Menschen gab, die sonntags nicht wussten, was sie tun sollten. Deshalb wurde versucht, ein „Sonntagshaus" für gemeinsames Singen, Spielen und Diskutieren zu bauen. Da war Michael allerdings etwas vorschnell. Sie bekamen ein Fertighaus geschenkt und alle haben hart für das Sonntagshaus gearbeitet; es wurde allerdings nicht fertig aufgestellt. Michael merkte dazu an: „Es lag dann irgendwo und ist verrottet." Danach wurde ein Studienkreis für junge Mitarbeiter gegründet. Die jungen Menschen zwischen 16 und 25 Jahren sollten auch intellektuell mitarbeiten und gefördert werden. In den Studienkreis wurden bekannte Referenten aus Naturwissenschaft und Theologie eingeladen. Michael war zuvor mit vielen dieser Referenten über das Albrecht-Bengel[12]-Haus in Tübingen in Kontakt.

Das Albrecht-Bengel-Haus bietet Theologiestudenten eine Heimat. Damals war die sogenannte „moderne Theologie" an der Universität üblich, und da wurde dieses Haus als Wohnstätte mit einer klaren Theologie gegründet. In diesem Haus leistete Michael wöchentlich unentgeltliche Arbeit, indem er ab 1969 den Studenten Psychologie unterrichtete. Zu dem Zeitpunkt hatte er allerdings noch keine tiefen Kenntnisse vom Fach. An der Berufspädagogischen Hochschule hatte er zwar Psychologie gelernt – aber nicht ausführlich oder ausreichend. Das fundierte Psychologiestudium folgte erst später. Durch den Lehrauftrag in Entwicklungspsychologie kam es zu guten Bekanntschaften im Bengel-Haus. Er lernte auch den Leiter des Bengel-Hauses kennen, und dieser kam dann auch als Gastredner ins Remstal.

---

12 Johann Albrecht Bengel, *1687, †1752, schwäbischer lutherischer Theologe und Hauptvertreter des deutschen Pietismus.

Während dieser Zeit wuchs zugleich ihre Freude an Israel. Michael und Hilde waren die ersten, die für den Brüderbund eine Israelreise planten. An der ersten Reise nahmen 50 Personen teil. Durch seine berufliche Position hatte Michael jetzt Zeit, Unternehmungen dieser Art zu planen und durchzuführen. Er war auch Mitglied im Leitungskreis für die Freizeiten des Brüderbundes.

Auf den Israelfreizeiten war Hilde immer mit dabei. Auch die drei Kinder nahmen zumeist teil. Es wurden auch Israelkongresse gehalten, zu denen bis zu 150 Teilnehmer kamen. Als Referenten wurden namhafte Theologen eingeladen, die dann in den Sälen der großen Hotels Vorträge hielten. Ein geladener jüdischer Theologe war beispielsweise Schalom Ben-Chorin[13]. Michael erzählte: „Ich sehe ihn noch vor mir. Zu einem Vortrag hat er sich immer eine Flasche Rotwein hinstellen lassen. Und eine dicke Zigarre. Dann sagte er: ‚Die Zigarre ist der Heilige Geist. Und der Rotwein ist das Blut.' Das war ein humorvoller Mensch. Und dann hat er uns in die jüdische Theologie eingeführt." Drei Israelkongresse plante Michael, leitete sie und führte sie zu einem schönen Erfolg unter den Teilnehmern, die eigens gefertigte Israelkäppchen bekamen, damit man sie erkennt. Mit Hilde zusammen gestaltete Michael kleine Reisebüchlein. Das Programm für jeden einzelnen Tag war darin detailliert beschrieben: „Unsere Freude war ganz bei Israel. So haben wir einige Jahre glücklich diesem Thema gewidmet."

An den Wochenenden war er aber auch für Hilde und die Kinder da. Vormittags ist die Familie oft an Baggerseen gefahren. Abends besuchte er die Gemeinschaftsstunde. Die beruflichen Dinge hat Michael in aller Regel zügig erledigt. Er hatte nicht die Möglichkeit, sich auf den Jugendkreis immer theologisch vollkommen korrekt vorzubereiten. Er leitete die Bibelarbeiten und schüttelte das Programm eher „aus dem Ärmel", und trotzdem kamen viele Leute. Für die Auslegung im Gottesdienst bereitete er sich hingegen umfang-

---

13 Schalom Ben-Chorin, *1913, †1999, deutsch-israelischer Journalist und Religionswissenschaftler, der sich für den christlich-jüdischen Dialog einsetzte.

reich vor. Er las dazu auch reichlich theologische Literatur. Aber für keinen Gottesdienst plante oder brauchte er mehrere Tage zur Vorbereitung: „Das habe ich eher locker und zügig vorbereitet." Sonntagnachmittags sind dann meist die Jugendkreisleute in das Haus Dieterich gekommen. Bei über hundert Jugendlichen gab es auch solche, die gern einen Partner gehabt hätten, die einsam waren. Da ist in Hilde und Michael die große Sehnsucht gewachsen, den Menschen zu helfen. Das Schlimmste für diese Leute waren die Wochenenden, wenn sie niemand hatten, zu dem sie gehen konnten, und so herumhingen. Michael spielte Gitarre, Hilde Harmonika, dann wurde zu Hause gesungen, die Kinder nahmen teil. Daran durften sich auch die jungen Menschen anschließen, die zu ihnen nach Hause kamen. Das Ehepaar stillte die Sehnsucht junger Menschen nach Gemeinschaft.

Die beiden beteten jeden Tag gemeinsam, suchten gemeinsam stille Zeit, um die Bibel zu lesen. Für Michael war es nur insofern schwer, als er sich eher als Einzelgänger wahrnahm, der lieber für sich selbst sein mochte: „Gemeinsame stille Zeit ist bis heute bei uns ein wichtiges Elixier, und ich würde das auch allen Leuten raten, die verheiratet sind. Da ist ein Segen der Gemeinschaft. Vielleicht muss man sich am Anfang etwas zwingen. Und jeden Sonntagmorgen hören wir auch heute die Bachkantate zum entsprechenden Sonntag." Inzwischen hat er einen Zugang zu Bach bekommen, die Musik wurde zu einer gemeinsamen Kraftquelle des Paares.

Michael resümierte: „Wir haben die viele Arbeit auch nicht gemacht, um uns selbst zu verwirklichen, sondern, um die große Not bei den jungen Menschen zu lindern. Aber ich gebe auch zu: Die vielen Reisen und Kreuzfahrten haben mir auch Spaß gemacht. Ich bin damals der Erste gewesen, der eine Flugreise mit dem Brüderbund organisiert hat. Ein Flugzeug zu chartern war damals ein schwieriges Unternehmen." Michael flog erstmalig mit einer Gruppe nach Mallorca. Sie konnten nicht während des Sommers planen, da in dieser Zeit alle Zimmer durch Pauschaltouristen belegt waren. Für März hatte Michael einen kurzen Zeitabschnitt im Hotel erhalten, da durften sie anreisen. Michael besorgte die Flüge dazu. Die Leute wussten damals von Mallorca nichts, außer dass es eine Sonneninsel ist, auf der man baden kann. Die erste Reise war 1967, im Geburtsjahr von Eva-Maria. Stets wurde ein Pastor mitgenommen, der predigte. Aber es war dann im März überraschend kalt – niemand wusste, dass es auf Mallorca auch Winter gab. Michael war vorab hingeflogen, um sich alles anzuschauen. Er brachte seiner Frau das erste Mal eine Mandel mit. Er dachte sich, im März sei es da sehr schön, aber es war dann doch unerwartet so kalt, dass man eine Heizung brauchte. „Und wir mussten immer so tun, als wenn's warm wäre. Ich bin dann ins Wasser reingegangen, um den Leuten zu zeigen, dass es auch geht – bei 17° Wassertemperatur."

Damals entwickelte Michael eine Leidenschaft für Mallorca. Einmal war er mit Hilde vom Strand gekommen und sie sahen die kleinen mallorquinischen Häuschen, da sagte er: „Ach, Hilde, wenn wir doch mal so ein Haus haben könnten." Beide dachten, dass sie das nie im Leben erreichen könnten. Aber es war dennoch ein großer Wunsch des Paares. Etwa drei Jahre später hat eine Firma „Contracta" aus Deutschland zur Zeit Francos[14] eine Urbanisation auf Mallorca aufgekauft, hat das Land parzelliert und bot Gratisflüge für diejenigen an, die eine Parzelle kauften. Man musste den Flugpreis zunächst selbst tragen, doch wenn man eine Parzelle kaufte, wurde dieser rückerstattet. Die Verkäufer auf Mallorca falteten große Lagepläne mit Parzellennummern aus. Die Parzellen grenzen bis heute an die größte zusammenhängende, unbebaute Freifläche auf ganz Mallorca. Michael fragte: „Ist diese Parzelle, da an der Grenze zum Naturschutzgebiet, noch zu haben?" – Sofort nahm der Verkäufer das Megafon und rief: „Parzelle 316B verkauft!" – obwohl Michael das noch gar nicht zugesagt hatte. Zurück in Deutschland kam dann der Verkäufer zu Hilde und Michael, und die beiden haben den Kaufvertrag zu einem Preis von 3000 Mark besiegelt. Mit Mühe und

---

14 Francisco Franco, *1892, †1975, spanischer Militär und bis 1975 Diktator des Königreiches Spanien.

Not stotterten sie den Kaufpreis ab. Michael bemerkte: „Wir haben kein Haus in Deutschland, aber wir haben einen Platz auf Mallorca, da können wir immer zelten gehen." Der Grund auf Mallorca lag drei Jahre unbebaut brach. Da bot die Firma „Contracta" an: „Wir bauen ihnen ein Haus zum Sonderpreis." Und so wurde ein ganz kleines Häuslein mit einer Wohnküche, einem Schlafzimmer und einem Bad gebaut. Damals sprachen Hilde und Michael noch nicht Spanisch. Doch als eine Frau aus der Gemeinde ihre Dienste als Putzhilfe antrug, stellte sich heraus, dass diese Frau auch Spanisch sprach. „Möchtest du, anstatt zu putzen, uns nicht lieber Spanisch beibringen?" Das tat sie liebend gern, sie kam von da an einmal pro Woche, Hilde backte Kuchen, sie saßen dann gemeinsam als Familie am Tisch in Stetten und es wurde Spanisch konjugiert. Ein Jahr dauerte dieser Spanischunterricht. Michael und Hilde freuten sich, nun Spanisch für Mallorca zu beherrschen – um dann vor Ort festzustellen, dass man dort gar nicht Spanisch, sondern Katalanisch spricht.

Zu dieser Zeit überantwortete Michael den Jugendkreis in Rommelshausen in andere Hände und gründete – mit den ursprünglichen Teilnehmern – einen Kreis junger Erwachsener. Er versuchte, die Nachfolger in der Jugendarbeit zu schulen, doch die Jugendarbeit in Rommelshausen ist heute wieder auf Normalmaß heruntergebrochen. Michael: „Warum bricht eine Glaubensarbeit zusammen? Gott will das nicht haben. Vielleicht muss man – um etwas Großes zu erreichen – mehr tun, als man muss."

Das Paar nahm die Predigten immer sehr ernst. Sie waren an einem Wochenende in einem Freizeitheim, da sprach ein Evangelist: „Wir müssten eigentlich alles, was wir besitzen, geben für den Herrn." Hilde und Michael waren tief gläubig und vertrauensvoll. Weil sie vermuteten, dass sie nie im Leben ein eigenes Haus besitzen würden, entschieden sie sich, ihren Bausparvertrag über 10.000 Mark für das Reich Gottes zu spenden. Das war das einzige Sparguthaben, das das junge Ehepaar besaß. Sie brachten den Bausparvertrag einem Prediger: „Hilde und mir ist klar geworden, dass wir unser Geld für das Reich Gottes geben müssen. Nimm den Vertrag und verwende ihn und gebrauch ihn da, wo er dringend gebraucht wird." Ganz zweifelnd schaute der Prediger die beiden an und entgegnete: „Ja, dann müsste ich das ja auch tun." Michael und Hilde warteten nun eine Weile darauf, zu hören, wohin der Prediger das Geld gegeben hätte. Sie wollten keine Zweckbestimmung vordiktieren. Nach einem Jahr fragte Michael dann nach – und der Bausparvertrag lag da immer noch in der Schublade seines Schreibtisches, er war nicht verwendet worden. Da war das Paar sehr traurig. Sein Wort klang in ihnen nach: „Da müsste ich ja auch … " Daraufhin haben sie den Prediger gebeten, das Geld einer Mission zu geben. „Es hat uns gesegnet", sagte Michael in der Rückschau: „Ich habe immer erlebt, dass im Himmel die beste Sparkasse ist. Das Geld, das wir im Himmelreich anlegen, trägt unglaubliche Zinsen. Aber da muss man's wagen. Ich kann das niemandem befehlen – aber ich selbst habe diese gute Erfahrung gemacht: Was man bei Gott investiert, kommt mehrfach zurück."

Es gab viele Ideen für das Remstal. Da immer mehr junge Menschen kamen, wollten sie auch neue Wege in den Veranstaltungen gehen. Sie wollten einen „Brüdertisch" mit sechs oder sieben Männern und Frauen im Gemeinschaftssaal aufbauen. So hätte man mit dem Publikum über ein Wort Gottes reden und sich austauschen können, so dass es lebendig gewesen wäre und jeder auch über sich selbst etwas hätte sagen können. Aber diese neuen Ideen konnten sich dort nicht durchsetzen.

Unterwegs nach Jerusalem

Hilde und Michael organisierten viele Flugreisen nach Israel. Zum letzten Israelkongress waren sie mit 167 Menschen geflogen. Die Vorbereitung entsprach einer richtigen Generalstabsarbeit. Nachts im Bett dachte Michael über alle Abläufe im Voraus nach, checkte gedanklich sämtliche Abwicklungen. Tagsüber hatte er dann alles im Kopf. Während der Planungen und Durchführung kam ihm der Gedanke: „Wir könnten doch auch einmal eine Kreuzfahrt nach Israel durchführen." Er suchte 1977 ein Reisebüro auf, und da war ein Schiff namens Ausonia. Er fragte an, ob er für den Brüderbund einen Teil des Kontingents auf dem Schiff chartern könne. Man verkaufte die Plätze gern, und er plante daraufhin eine Freizeit auf diesem Schiff. Er hing sich einfach an eine schon bestehende Kreuzfahrt an, es wurde nur ein Teilkontingent von insgesamt 387 Plätzen gebucht. Da Michael die größte Gruppe auf dem Schiff stellte, konnte man einiges bestimmen – die Anlegeorte des Schiffes waren zwar fix, aber welche Unternehmungen bei einem Landgang auf das Tagesprogramm kamen, konnte von Hilde und Michael ausgesucht werden. Die Seereise startete in Venedig. Ein Sonderzug brachte alle Reisenden an den romantischen Ort am Mittelmeer. Über das Meer ging die Reise nach Haifa. Israel war immer das Hauptziel. Michael wohnte mit seiner Familie ganz unten im Schiff: „Als Reiseleiter durften wir ja nicht die ganz guten Kabinen haben. Ich habe meinen Kindern gesagt, dass wir als Leiter uns nicht die schönen Kabinen reservieren dürfen." Den Kindern hat es aber trotzdem sehr gefallen. Rebekka pflückte an der Akropolis Blumen, band sie zu einem Strauß und hat sich für die historisch großen Dinge gar nicht interessiert. Ihr war die Gemeinschaft viel wichtiger. Auf der Kreuzfahrt waren unterschiedliche Referenten dabei. Walter Tlach[15], der Theologe und damalige Leiter des Bengel-Hauses, übernahm auf dieser Reise die Hauptreferate. Einmal stand er morgens um 5 Uhr auf, und als er das israelische Festland sah, ging er im Schiff an ein Mikrofon und weckte alle aus ihrem Schlaf: „Wir sind im Heiligen Land!"

Nach dieser Fahrt überlegten Michael und Hilde: „Das können wir doch auch allein machen. Wozu brauchen wir ein Reisebüro?" Zu diesem Zeitpunkt war er bereits als wissenschaftlicher Assistent an der Universität und hatte zeitlich mehr Freiräume als in den ersten Berufsjahren. „Warum sollen wir nicht ein Schiff allein für uns chartern?" Das Reisebüro vermittelte daraufhin eine Reederei in München. Michael fuhr mit dem Auto nach München, das Treffen war im Bayerischen Hof vereinbart. Der Reeder bot das Schiff „La Perla" mit über 700 Plätzen an, es war zu Ostern 1979 verfügbar.

La Perla, das Schiff zur Reise „Unterwegs nach Jerusalem", 1979

---

15 Walter Tlach, *1913, †2004, deutscher evangelischer Pfarrer, aktives Mitglied der Bekennenden Kirche im Dritten Reich, Mitbegründer des Albrecht-Bengel-Hauses in Tübingen.

Als Route besprachen sie den Start in Venedig, eine Reise über Ägypten, dann Israel, dann über die Türkei und die griechischen Inseln – alles geplant innerhalb von zwei Wochen. Michael rückversicherte sich bei seinen Ausschussmitgliedern des Brüderbundes und bot an: „Die ‚La Perla' könnten wir nehmen." 100.000 Mark mussten als Kaution angezahlt werden. Über ein Darlehen bei der Bank erhielt Michael das Geld. Dazu musste er sein Gehalt als Sicherheit anbieten. Und ab dem Moment, als der Vertrag mit der Reederei abgeschlossen war, ging dann eine große Werbeaktion los.

Prospekt „Unterwegs nach Jerusalem", 1979

Michael hatte auf der Kreuzfahrt gute Mitarbeiter, viele stammten aus seinem Jugendkreis. Einer war Grafiker, der fertigte das Layout für die Prospekte zur Mittelmeerkreuzfahrt an und verantwortete den Druck des Werbematerials. Es wurde für die Reisegäste so preisgünstig wie möglich geplant, weil ein Verdienst nicht das Ziel dieser Reise war. Michael erinnerte sich: „Wir brauchten auch keinen Mitternachtssnack – da ging der Preis gleich noch einmal um 20.000 Mark runter. Wir brauchten kein Bordorchester, auch hier konnten wir einsparen." Er hat genau kalkuliert. Es gab preisgünstige und teurere Kabinen. Es gab eigens Kinderpreise. 723 Teilnehmer zählte die Mittelmeerkreuzfahrt mit einem großen Anteil an Kindern. Die Reise hieß „Unterwegs nach Jerusalem". Die Prediger des Brüderbundes und ihre Frauen ließ Michael vergünstigt oder ganz kostenfrei mitreisen. Auch Menschen aus den Ostblockländern und Missionare konnten gratis mitfahren.

Nicht alles war schön. Es gab einen Pastor, der die Reise bezahlt bekommen hatte, der an Bord kam und gleich egoistisch rief „Wo ist meine Kabine? Ich bin müde!" Da antwortete Hilde: „Unsere Kinder auch. Wir sind doch für die anderen Leute da. Wir müssen doch erst einmal unseren Gästen etwas anbieten." Michael und Hilde stellten fest, dass sie noch dem einen oder anderen Mitarbeiter bei ihrer Sozialisation helfen konnten.

Die Teilnehmer des ehemaligen Jugendkreises waren inzwischen über zwanzig Jahre alt. Es waren Studenten und Lehrer dabei, die Michael Wochen zuvor mit dem Flugzeug an all jene Anlegeorte schickte, an denen das Schiff später festmachte. Die jungen Menschen machten sich dann vor Ort über Land und Leute kundig, um später auf der Schiffsreise – vor der Landung – einen Abendvortrag mit Dias zu halten. Zum ersten Mal in seinem Leben setzte Michael zur Organisation einen Computer ein, es war der legendäre PET von Commodore. Jeder Schiffsreisende konnte seine Landreisen frei wählen; der Computer ordnete jedem Reisenden die daraus resultierende Rechnung und sein individuelles Reiseticket zu. Dazu benötigte der PET zum Ausdrucken allerdings einen Tag und eine

Nacht. Er hat ununterbrochen gerattert und einmal war er dann so heiß gelaufen, dass man ihn ins Freie bringen musste, und – weil es regnete – wurde er unter einige Schirme gestellt.

Als Hilde und Michael beim Verkauf der Tickets feststellten, dass sie sicher und absehbar in die Gewinnzone kamen, wollten sie keinen Verdienst haben, sondern Gutes tun. Deshalb luden sie viele Menschen aus der DDR sowie Christen aus Ungarn ein, wo sie früher häufig zu Gast waren. Sie hatten ein Patenkind in Budapest. Auch dessen Familie wurde eingeladen. Weiterhin durften viele Missionare umsonst mitreisen. Der Anteil der kostenfrei reisenden Personen lag bei zweihundert Teilnehmern. Dennoch war noch genügend Geld da, um das Team einheitlich einzukleiden, alle bekamen ein dunkelblaues Sakko mit grauen Hosen. Zum Team zählten unter anderen Friedrich Hänssler und Peter Hahne[16].

Ein Teil der eingekleideten Crew Unterwegs nach Jerusalem, 1979.
Ganz links: Peter Hahne, hinten Mitte: Friedrich Hänssler, ganz rechts:
Michael Dieterich

16 Peter Hahne, *1952, deutscher Fernsehmoderator und Autor.

Die komplette Crew

Es gab einen eigenen Schiffschor und einen Cellisten, der aus der DDR angereist war, Reiner Ginzel. Auch die später berühmte Sopranistin Melanie Diener[17] war dabei. Es gab gutes Essen. Man machte verschiedene Landausflüge. In der Arena von Cäsarea sang Hilde. Dort gab es einen zentralen Ort, von dem aus man in der ganzen Arena gehört wurde. Hilde hat das Lied, das sie sang, selbst getextet: „Jerusalem, du bleibst besteh'n". In der Arena wurde dann das Lied gemeinsam gesungen. Das war ein großes Fest. In Haifa kam der deutsche Botschafter an Bord und brachte einen großen Bund Rosen mit. Der Botschafter suchte Michael und Hilde vergeblich an Bord des Schiffes – er fand die beiden nicht, weil sie in den unteren „Kellerräumen" des Schiffes wohnten, was der Botschafter nicht erwartet hatte. Die Mittelmeerkreuzfahrt 1979 war die größte und schönste Freizeit, die die beiden in ihrem Leben organisiert und

---

17 Melanie Diener, *1967, deutsche Opern- und Oratoriensängerin.

geleitet haben. Aber es gab auch Engpässe. Für Alexandria hatte Michael achtzehn Busse mit jeweils fünfzig Plätzen bestellt. Nach der Ankunft sprach ihn der Hafenmeister an: „Die Busse haben nur vierzig Plätze. Deshalb haben wir einen Bus mehr geordert." Doch für jeden Bus brauchte man einen Reiseleiter. Jetzt war plötzlich ein weiterer Reiseleiter erforderlich. Kurz entschlossen bat er Hilde: „Bitte geh in den Bus rein. Sei Reiseleiterin. Unvorbereitet." Die anderen Reiseleiter waren ja alle vorbereitet. Doch es hat funktioniert. Und die Kinder waren immer dabei, machten mit und hatten Freude. Am Ende hat die Reise dem Brüderbund noch 80.000 Mark Überschuss erwirtschaftet. Es war ein immenser organisatorischer Aufwand. Aber die Mittelmeerkreuzfahrt bot auch eine herrliche Gelegenheit, Menschen für das Evangelium zu gewinnen; so nahmen ein Universitätskollege und die Schwester seines Professors an der Reise teil. Diese Schwester bezeugte im Anschluss an die Reise sogar ihren Neuanfang im Glauben an Jesus Christus. Die „La Perla" war also am Ende sogar ein Evangelisationsschiff.

Der Brüderbund wollte solch eine große Reise allerdings nicht mehr wiederholen, obwohl Michael alle Verantwortlichen ganz stark einbezogen hatte. Michael und Hilde wussten nicht, warum der Brüderbund die Reisen nicht mehr durchführen wollte. Sie waren betrübt und traurig darüber. Ein lieber Freund half ihnen, indem er sagte: „Es ist gut für euch. So kommt ihr zur Ruhe." Und so haben sie es dann auch gesehen. Michael schrieb im Anschluss seine Doktorarbeit. Bei aller Erfahrung, die er gesammelt hatte, hätte man ohne Mühe die Reise wiederholen können – aber dann hätte er die Projekte der folgenden Jahre nicht angehen können. Die Erfahrungen, die er bei der Reise sammeln konnte, halfen ihm kurz darauf, seine schwierige und aufwendige Dissertation strukturiert und geordnet niederzuschreiben, und Michael verstand: „So hat Gott doch Maßarbeit gemacht, indem er es so geführt hat."

Die Epoche der insgesamt zwölf Israelreisen schloss mit dieser Mittelmeerkreuzfahrt im Jahr 1979.

Promotion, Habilitation, Berufung

Nach der Mittelmeerkreuzfahrt 1979 verließ Michael den Schuldienst und ging auf eine volle Assistentenstelle am Lehrstuhl für Berufspädagogik der Universität Stuttgart.

Die vier Entwicklungsstufen von Piaget[18] hatten ihn schon während des Studiums fasziniert – Denkstufen, die sich nur dann weiterentwickeln, wenn man zuvor in Not gekommen ist. Professor Günther Buck[19], sein Lehrer im Fach Pädagogik, vertrat sogar die Ansicht, dass man Piaget nur dann richtig verstehe, wenn man seine Bücher auf Französisch lese – erst da entfalteten sich die Ideen des Entwicklungspsychologen in voller Kraft. Die Fortentwicklung von Entwicklungsstufe zu Entwicklungsstufe stieß bei Michael auf offene Ohren, weil er das selbst so in seinem Leben – als Spätentwickler – erfahren hatte: „Man muss ein unlösbares Problem haben, man muss frustriert sein – erst dann kann man die nächste kognitive Entwicklungsstufe erklimmen, denn nur wenn man frustriert ist, sucht man nach neuen Wegen." Solche neuen Wege hatte er selbst auch schon oft eingeschlagen.

Bei seinem Chef lernte Michael, wie man als Hochschullehrer Seminare hält und wie man diese benotet. Auch lernte er, dass man den Dekan mit *Spektabilität!* und den Rektor der Universität mit *Magnifizenz!* anreden muss. Er lernte zu zitieren und zu publizieren. Gleich nach dem Master fing er zu publizieren an: „publish or perish" – veröffentliche oder gehe unter. Es ging damals noch sehr altmodisch zu, Michael musste seinem Chef gelegentlich das Auto putzen oder elektrische Leitungen im Haus legen. Trotzdem genoss

---

18   Jean Piaget, *1896, †1980, Entwicklungspsychologe aus der französisch-sprachigen Schweiz.

19   Günther Buck, *1925, †1983, deutscher Philosoph und Pädagoge.

er die alte Sozialisation an der Universität. Das Thema der Dissertation durfte er frei wählen. Dazu ging er zurück in die Heil- und Pflegeanstalt in Stetten und entwickelte – immer unter dem Aspekt der Förderung – ein neues Testverfahren, um die Berufsreife von Behinderten und auch die allgemeine Berufsreife zu messen und zu unterstützen. Das Messverfahren musste wissenschaftlich alle Gütekriterien eines Tests erfüllen. Dazu musste das neue Verfahren an Hunderten von Menschen geeicht werden, Messskalen mussten entwickelt werden. Es waren unterschiedliche Aspekte der Berufsreife zu bestimmen, die man an einzelnen Aufgaben messen konnte. Es wurde ein Testkoffer – der als Namen das Akronym „HAMET" trug – für den Handwerklich Motorischen Eignungstest angelegt. Testpersonen hatten dabei einen Fisch zu feilen, Drähte zu biegen, mit einem Stift an einer Linie entlang zu fahren. Die Vorlagen und Arbeitsmaterialien für den Testkoffer konnte Michael als Werkzeugmacher selbst herstellen. Mithilfe einer mathematischen Analyse konnte er nachweisen, welche Faktoren es für die Berufsreife gibt. So etwas gab es bis dahin noch gar nicht, zuvor existierten nur kognitive Leistungsüberprüfungen, nicht aber motorische Tests für die Bestimmung der Berufsreife. Wo sich Lücken auftaten, konnte die Berufsreife der Testpersonen gezielt gefördert werden. Es gab zu diesem Zeitpunkt keine anderen Berufsreifetests, die man mit dem neuen Verfahren hätte vergleichen können. Also musste ein Expertenrating mit vielen Meistern und Ingenieuren durchgeführt werden. Diese wurden befragt, was ihrer Meinung nach zur motorischen Berufsreife gehöre.

Für den empirischen Teil der Dissertation wurden auch Studenten des Fachbereichs Sonderpädagogik an der Pädagogischen Hochschule in Reutlingen einbezogen. Diese Hochschule war an den Arbeiten Michaels sehr interessiert und bot ihm daraufhin einen Lehrauftrag im Fachbereich Sonderpädagogik an. Er hielt Vorlesungen über das Arbeiten mit lernbehinderten Jugendlichen. Hier sammelte er viele Erfahrungen im Umgang mit Pädagogikstudenten. Einmal wöchentlich fuhr er dazu abends nach Reutlingen. In diesem Zusammenhang hatte er ein einschneidendes Erlebnis, das sowohl seine Dissertation als auch sein späteres Leben nachhaltig prägen sollte. Denn eines Abends empfingen ihn etwa sechzig Studenten schon auf dem Hof mit einer Tapetenrolle, auf der mit dicken Pinselstrichen geschrieben stand: „Nieder mit den Testverfahren!" Michael begegnete den Studenten: „Das wollen wir nicht auf dem Hof diskutieren, lassen sie uns in den Vorlesungssaal gehen." Die Studenten rollten die Tapetenrolle wieder zusammen, um sie dann am Geländer der oberen Saaletage des zweietagigen Vorlesungssaales wieder auszurollen. Die kritische Generation diskutierte mit Michael über viele Fragen. Eigentlich war er bei den Studenten recht beliebt, denn er vermittelte praktische Inhalte, stellte dar, was Realität ist. Er hatte zudem nicht so einen großen Wissenshintergrund wie seine Kollegen, er war ja nicht einmal promoviert. Dies mahnte zur Bescheidenheit. In der Diskussion hat er den Studenten coram publico – vor allen Anwesenden – öffentlich versprochen, niemals ein Testverfahren zu entwickeln, das nur der Auslese diene, die „Guten ins Töpfchen und die Schlechten ins Kröpfchen" sammele. Er versprach, nur ein solches Testverfahren zu entwickeln, das Menschen auch fördern würde, das Potenziale zeigen und nutzbar machen würde, das verdeutlichte, wo es besser oder auch anders weitergehen könne.

Nachdem sämtliche Messungen, Interviews und Datenerhebungen zum HAMET abgeschlossen waren, schrieb Michael alles mit der Schreibmaschine vor. Zum Vorprüfen gab er das Manuskript dann seinem Doktorvater und dem Korreferenten, einem bekannten Psychologen: „Nun waren das ein Geisteswissenschaftler, der Pädagoge Professor Sommer – und ein Naturwissenschaftler, der Psychologe Professor Oswald[20]. Die beiden hatten vollkommen unterschiedliche wissenschaftstheoretische Ansätze." Jeder von beiden las die Arbeit und sagte jeweils: „Das musst du unbedingt umschreiben." Beide hatten gegenteilige Ansprüche an die Arbeit. Das Em-

---

20 Wolf Dieter Oswald, *1940, deutscher Psychologe und Psychogerontologe.

pirische wollte der Doktorvater aus der Dissertation entfernt haben, der Korreferent entgegnete: „Das geht gar nicht ohne Empirie." Oswald schrieb dann als Bemerkung in die Erstfassung der Arbeit: „So einen Quatsch hat seit Kant nie jemand behauptet."

Die Forderungen verschiedener Autoren nach einer operationalen Definition der Berufsreife können deshalb nicht erfüllt werden, weil es "die" Berufs-
reife nicht gibt. Die Bezeichnung Berufsreife ist heute zu einer Hülse geworden, in der so viele Unterbegriffe Raum finden, daß der Überbegriff selbst zur Erklärung eines bestimmten Sachverhaltes wertlos geworden ist.

So einen Quatsch hat seit Kant nie jemand behauptet

Kommentar von Professor Oswald an Michaels Erstfassung der Dissertation: „So einen Quatsch hat seit Kant nie jemand behauptet."

Michael versuchte dann, einen Kompromiss zu finden, und schrieb die Neufassung der Arbeit als lose Blattsammlung. Der Schwiegervater von Werner Baur, ein Zahnarzt, bot ihm in dieser Phase der Promotion seine ruhige Ferienwohnung auf dem Kniebis an, in der er zunächst eine vorläufige zweite Fassung schreiben konnte. Inzwischen hatten Michael und Hilde bereits die kleine Finka auf Mallorca. Dort flog Michael für die Endphase der Verschriftlichung seiner Doktorarbeit allein hin, im Handgepäck hatte er eine elektrische Schreibmaschine. Alle bereits geschriebenen Blätter legte er in der Finka auf dem Fußboden aus und ordnete das Manuskript für eine dritte und abschließende Fassung komplett neu. Mit dieser Visualisierung vermochte er sich einen guten Überblick über die Reihenfolge seiner Kapitel zu verschaffen. Er sah vor sich in Gedanken einen Baum mit Hauptstamm und Seitenästen. Alles wurde nummeriert und neu geschrieben: „Ich habe geschrieben, bin zum Meer runter gerannt, bin geschwommen, bin zum Essen ins kleine Restaurant *Los Olivos* am Eingang von Playa Romantica gegangen, habe mit Hilde telefoniert und dann habe ich wieder weitergeschrieben. So hat auf Mallorca meine Doktorarbeit Gestalt angenommen."

Von Hilde und Michael gepflanzter Zitronenbaum auf der Finka auf Mallorca.

Der HAMET-Test wurde nach der Promotion in verschiedene Sprachen übersetzt und wird bis heute weltweit eingesetzt. Den sozial behinderten Grenzgängern zwischen „normal" und „schwach", die in Berufsbildungswerken ausgebildet wurden, konnte mit diesem Verfahren sehr geholfen werden. Die Dissertation erhielt 1980 die Note „sehr gut", und Michael wurde mit dem „Preis der Freunde der Universität Stuttgart" geehrt. Später führte die Arbeit zusammen mit fünfzig übrigen Publikationen zur Habilitation. Eigentlich wäre Michael danach gern nach Reutlingen an die Pädagogische Hochschule gegangen, da dort gerade eine Stelle frei geworden war. Diese wurde damals allerdings durch eine Hausberufung intern vergeben.

Nachdem die Arbeit an der Universität abgeschlossen war, wurde er als Studiendirektor an das Seminar für Erziehung und Didaktik nach Stuttgart berufen, um dort für Gymnasiallehrer aus allen Fächern, die Referendare geworden waren, das Fach Pädagogische Psychologie zu lehren.

Grundlagen, wie die Wissenschaftstheorie, erlernte Michael von seinem Institutsleiter. Dass er anfing zu fragen, welche Anthropologie ein Mensch habe, der ein Forschungsprojekt vorstellt, ging auf diese Kenntnisse in Wissenschaftstheorie zurück. Oder dass er überlegte, welche Wissenschaftsmethode für ein Wissenschaftsobjekt angemessen ist, ging auch auf Professor Sommer zurück, der sehr geisteswissenschaftlich orientiert war. Für diesen galt er mit seiner empirischen Arbeit humorvoll als „Fliegenbeinchenzähler". Professor Sommer arbeitete viel mehr in den geisteswissenschaftlichen Bezügen, was Michael half, eine neue Sichtweise für die Welt zu gewinnen. Weil er jetzt auch Hermeneutik betrieb und nicht mehr glaubte, Empirie sei alles. Diese Denkstruktur prägte Michael für seinen späteren Dienst nachhaltig.

Professor Sommer schaltete sich nach der Habilitation in seine berufliche Laufbahn ein: „Hören sie mal, Dieterich, wenn sie einmal einen Ruf bekommen, und wenn es am Ende der Welt ist, dann müssen sie den auch annehmen. Denn wenn sie ihn nicht annehmen, spricht sich das herum. Das ist eine kleine Clique, und wenn sie einmal abgesagt haben, dann nimmt sie niemand mehr." Auf Professor Sommers Anraten hin hat sich Michael auf die Ausschreibung eines Lehrstuhls für Erziehungswissenschaft in Hamburg beworben. Während des Berufungsverfahrens musste er in Hamburg eine Probevorlesung halten. Er reiste ganz entspannt nach Hamburg und sagte in der Vorlesung: „Wissen Sie, über Empirie habe ich genügend geschrieben. Über das Zählen und Messen habe ich viel publiziert, was Sie nachlesen können. Darüber möchte ich jetzt gar nicht sprechen. Ich stelle Ihnen heute einmal meine Denkweise und meine Anthropologie vor. Ich zeige Ihnen heute, dass Erziehungswissenschaft auch einen hermeneutischen Zugang hat." Er erzählte also nicht von dem, was er schon immer gemacht hat, sondern er trug geisteswissenschaftliche Ideen vor und zeigte, wie man durch Deuten und Schließen von Texten wissenschaftlich vorwärts kommen

kann: „Der Mensch ist nicht nur durch ein zählbares Wesen zu beschreiben, sondern er muss ganz wahrgenommen werden, Förderung ist dabei der Hauptgedanke. Dieser geisteswissenschaftliche Gedanke, der auch einem Dr. phil. entspricht, hat dem sechzehnköpfigen Berufungskomitee der Fakultät sehr zugesagt."

Michael bei der Lehre
an der Universität, 1990

Er erhielt den Ruf. „Da müssen sie auch hingehen, sonst ist alles umsonst!", sagte Professor Sommer – doch Michael wollte das eigentlich gar nicht. Und seiner Frau sagte ein Umzug nach Hamburg auch nicht zu. Doch er nahm an. Über Michael wurde in der württembergischen-pietistischen Heimat die Frage gestellt: „Wie hat der es an die linke Uni in Hamburg gebracht?" Wie auch immer, Michael war stets parteilos und pflegte nie politische – auch keine kirchenpolitisch-strategischen –

Allianzen: „Hamburg war keine linke Uni. Das war eine sehr ehrwürdige Universität. Mein Büro war das letzte in der Fakultät für Erziehungswissenschaft, gegenüber kam dann das Büro von Helmut Thielicke[21] im Fachbereich Theologie. Wir konnten uns von Fenster zu Fenster begrüßen." Auch mit dem bekannten Psychologen Reinhard Tausch[22] hatte er fachlichen Kontakt.

Er wurde 1982 in Hamburg von den Gewerkschaften zu einem Vortrag eingeladen. Man wünschte sich von ihm eine Befürwortung der Inklusion von geistig Behinderten in der Regelschule. Da war Michael dagegen: „Für die Sozialisation ist eine Inklusion gut. Man muss Behinderte akzeptieren lernen. Die müssen übrigens auch uns akzeptieren lernen. Aber zur Lehre höherer Bildungsinhalte ist ein gemeinsames Unterrichten an der Schule nicht geeignet. Da muss man den geistig Behinderten mit einem eigenen Lernprogramm entgegentreten." Daraufhin gab es Personen in linken Kreisen Hamburgs, die ihn als rechtsstehend einordneten.

Die Verbreitung des HAMET in Berufsbildungswerken im In- und Ausland – für den Michael übrigens keine Lizenzgebühren erhob – war bereits weit vorangeschritten, als er den Ruf nach Hamburg erhielt. Später entwickelte er noch ein weiteres Testverfahren für geistig Behinderte, etwa für Auszubildende mit Downsyndrom. Er lieferte etwa 150 Publikationen ab. Seine Forschung befasste sich mit einer Erweiterung des HAMET für andere Personengruppen, für Schwächere, für geistig behinderte Menschen. Hier erhielt Michael Geld für Sachmittel von der Robert-Bosch[23]-Stiftung. Er lernte den Sohn des Firmengründers persönlich kennen, dazu Frau Madelung[24], die ebenfalls in der Stiftung tätig war. Die Begegnung fand in Stuttgart-Zuffenhausen anlässlich einer Projektbewilligung statt.

---

21 Helmut Thielicke, *1908, †1986, deutscher evangelischer Theologe, der vor allem für seine Ethik bekannt ist.

22 Reinhard Tausch, *1921, †2013, deutscher Psychologe und Wegbereiter der Gesprächspsychotherapie.

23 Robert Bosch, *1861, †1942, deutscher Industrieller, Ingenieur und Erfinder.

24 Eva Margarete Madelung, *1931, Autorin und Stifterin, Tochter von Robert Bosch.

Für seine Verdienste um neue Testverfahren mit förderdiagnostischem Charakter erhielt er 1984 auch einen Preis vom Arbeitsamt in Nürnberg, den „Nürnberger Trichter".

Zu Beginn der Hamburger Zeit fragte Michael nach einem Gemeindevortrag in einer Freien Evangelischen Gemeinde: „Hat nicht jemand ein Zimmer für mich in Hamburg?" Er wollte gern bei einer christlichen Familie wohnen. Und es fand sich tatsächlich eine solche Familie, doch er musste, wenn er abends eintraf, immer durch ein Durchgangszimmer mit schlafenden Kindern gehen, um zu seinem Zimmer zu gelangen. Weil das sehr mühsam war, übernachtete er in Hamburg zumeist in seinem Dienstzimmer in der Universität. Als Universitätsprofessor hatte er nur acht Stunden pro Woche zu lehren, der Rest war für Forschung reserviert. Er war in der Woche nur drei Tage in Hamburg, von Dienstag bis Donnerstag, hatte zwei Übernachtungen und fuhr dann wieder nach Hause nach Stetten. Die ersten Jahre fuhr er mit der Deutschen Bahn nach Hamburg, später flog er.

Sein Lehrstuhl war neben der Erziehungswissenschaft auch der Rehabilitation gewidmet. Er bearbeitete Themen, die für seine späteren Arbeiten wegweisend und interessant waren – er schaute mit den Studenten die einzelnen Psychotherapieschulen, von Adler[25] bis Frankl[26], durch und erarbeitete die gemeinsamen Wirkprinzipien. In jedem Semester wurden therapeutische Möglichkeiten aus der Psychotherapie für die psychische Rehabilitation gesucht. Eine Therapieform nach der anderen analysierte Michael mit seinen Studenten. So erwarb er mit großem Gewinn Erfahrungen über die einzelnen Therapieschulen. Für die spätere Seelsorgearbeit und Entwicklung eines Metakonzeptes in der Psychotherapie waren diese Grundlagen wegweisend.

---

25 Alfred Adler, *1870, †1937, österreichischer Arzt und Psychotherapeut, Begründer der Individualpsychologie.
26 Viktor Frankl, *1905, †1997, österreichischer Neurologe und Psychiater, Begründer der Logotherapie und Existenzanalyse.

Ein Tagelöhner-Haus
auf dem Kniebis

In der Ferienwohnung eines befreundeten Zahnarztes auf dem Kniebis schrieb Michael eine frühe Fassung seiner Dissertation. Als er vom Kniebis zu Hilde nach Stetten zurückkehrte, stellte er fest: „Früher dachte ich, der Schwarzwald sei nur etwas für ältere Menschen. Aber er ist wirklich schön." Das erwähnte er auch seinem Schwiegervater Georg gegenüber, der sich in voller Begeisterung vornahm, auf dem Kniebis ein Haus für Hilde und Michael zu finden.

Georg klapperte alle Häuser auf dem Kniebis ab: „Haben sie nicht etwas zu verkaufen?" In der Eichelbachstraße traf er auf ein Ehepaar, das ihm antwortete: „Ja, wir haben da ein Haus, etwa 300 Jahre alt, es ist das älteste auf dem Kniebis, aber das muss man abreißen. Das Haus gehörte früher einmal einem Tiroler Tagelöhner, es ist ein armes Haus. Es gibt eine Abrissverfügung, denn das Haus steht im Landschaftsschutzgebiet. Es hat keinen Abwasseranschluss, deshalb muss es weg. Wir haben hier oben nur ein Haus bauen dürfen, wenn wir zusagen, dass wir das alte Haus da unten wegmachen." Georg entgegnete, dass ihm das nichts ausmache: „Können wir das Haus nicht trotzdem kaufen?" Als Georg Hilde und Michael einbezog, bestätigten sie: „Ja, wir nehmen das Haus auch dann, wenn man es abreißen muss."

Das alte Haus war im Erdgeschoss zur Isolation mit Heu gefüllt: „Da gab es unzählige Mäuse." Früher kaufte der Tagelöhner ein Kälbchen, führte es in den Stall, und während es wuchs, wurde es nicht mehr aus dem Haus herausgeführt, weil es nicht mehr durch die Tür passte. Das Kälbchen wurde von Anfang an nur gefüttert und später im Stall geschlachtet. Diese Umstände verdeutlichten die Armut der ersten Bewohner des Tagelöhner-Hauses.

An dem Haus durfte Michael nichts richten, weil eine Abrissverfügung bestand. Er fragte nach, warum er nicht in dem Haus wohnen dürfe, und ihm wurde mitgeteilt: „Vor allem deshalb, weil es keinen Abwasseranschluss gibt, und weil das Haus im Landschaftsschutzgebiet steht." Das Paar erfuhr jedoch, dass die Stadt erst vor Kurzem eine neue Abwasserleitung zehn Meter unterhalb des Grundstücks verlegt hatte: „Da haben wir in einer Nacht-und-Nebel-Aktion eine Verbindung von dem Haus zur neuen städtischen Abwasserleitung hergestellt. Nun war der Grund für den Abriss nicht mehr gegeben." Sie haben das Haus für einen kleinen Preis gekauft – zusammen mit dem großen Grundstück um das Haus.

Die Jugendkreis-Mitglieder kamen, um bei der Renovierung mitzuhelfen. Die Schindeln am Haus waren vollkommen verrottet: „Da haben wir Handwerker geholt, die das Haus verschindelten. Und mitten in der Arbeit ging uns das Geld aus. Da haben wir allein weiter renoviert. Und jetzt haben wir ein Haus im Landschaftsschutzgebiet mit einer langen Privatstraße zu unserem Grundstück. Es diente uns – neben der Finka auf Mallorca – als Ferienhaus. Wir hatten kein eigenes Wohnhaus."

Später, als alle Häuser in der Nähe um 50% vergrößert werden durften, fragte Michael an, ob er sein Tagelöhner-Haus auch vergrößern dürfe. „Ja, das steht ihnen auch zu, obwohl es im Landschaftsschutzgebiet steht", entschied der Gemeinderat. Danach konnten Hilde und Michael ihr altes Haus auch erweitern.

Auch Michaels Doktorvater verbrachte einmal seine Ferien in dem Haus auf dem Kniebis: „Wenn Gott uns so reich beschenkt, dann ist es gut, wenn wir das nicht allein für uns behalten, deshalb dürfen alle unsere Freunde in unseren Ferienhäusern Urlaub machen."

Die Paul-Gerhardt-Universität

Es gab eine ganz große Ermutigung für Hilde und Michael, als sie 1988 Kurt Heimbucher[27] trafen. Michael war Redner auf Chrischona, einer Schweizer Bibelschule. Kurt Heimbucher, Präses des Gnadauer Verbandes, der auch als Redner geladen war, sagte: „Mit euch muss ich noch zusammensitzen." Und dann im Gespräch vertraute er ihnen an: „Ich wusste gar nicht, dass es euch gibt. Ihr seid für mich ganz frisch, wie ein Frühling."

Sie saßen mit dem Direktor von Chrischona, Edgar Schmid, abends lange zusammen und Kurt Heimbucher stellte fest: „Einen Michael Dieterich dürfen wir uns nicht entgehen lassen. Wir planen etwas. Was die Anthroposophen in Herdecke können, das können wir auch machen. Wir gründen eine Universität, die neben Theologie und christlicher Psychologie auch Kunst lehrt. Ich habe in meiner Gemeinde einen Konzertpianisten – und wenn der nicht da ist, dann weiß die Gemeinde gar nicht, dass er auf Tournee ist. Die sollten ihn doch im Gebet begleiten, die Leute wissen zu wenig von Kunst. Die Naturwissenschaft können wir auch an einer normalen Universität lehren. Aber Künstler müssen wir ausbilden. Das kostet kein Labor, das kostet nicht so viel Geld. Das machen wir, und Grund und Boden im Frankenland sind günstig. Dort gründen wir eine Fakultät für Psychologie, eine für Kunst, für Theater und für Musik."

Das war für Hilde und Michael ein innerer Anstoß. Sie überlegten sich mit Heimbucher auch schon einen Namen: Paul-Gerhardt[28]-Universität. Der war ja auch ein Künstler, Poet und Musiker. „Heimbucher war auf unserer Seite – und das ließ uns so hoffen.

---

27 Kurt Heimbucher, *1928, †1988, deutscher evangelischer Theologe und Präses des Gnadauer Verbandes.

28 Paul Gerhardt, *1607, †1676, deutscher evangelisch-lutherischer Theologe und einer der bedeutendsten deutschsprachigen Kirchenlieddichter.

Aber einige Monate später starb er." Daraufhin haben sich Hilde und Michael gesagt: „Dann müssen wir die Idee und den Plan weiter tragen. Heimbucher hatte die Vision schon vor 30 Jahren – aber es hat sich bis heute noch nichts bewegt."

Kurt Heimbucher, Michael Dieterich, Edgar Schmid

Biblisch Therapeutische Seelsorge

Bei jungen Menschen hatte es sich – weit über den Jugendkreis hinaus – herumgesprochen, dass Michael ein Mann ist, der etwas von Psychologie und von Störungen der Psyche versteht. Die Wartelisten bei Psychotherapeuten waren sehr lang, sodass über Teilnehmer des Jugendkreises hinaus die Empfehlung ausgesprochen wurde: „Geh zu dem Michael Dieterich." Daraufhin kamen so viele Menschen zu Dieterichs in das kleine Mietshaus in Stetten, dass sie vollkommen überlaufen wurden. Sogar am Heiligen Abend, als Hilde das Weihnachtsessen kochen wollte, kamen Menschen zur Seelsorge. Telefonate aus ganz Deutschland gingen ein. Dieterichs hatten kein Büro und kein Sprechzimmer, die Seelsorge fand im Wohnzimmer oder in der Küche statt.

Eltern einer essgestörten Tochter wandten sich an Hilde: „Unsere vierzehnjährige Tochter ist seit einem halben Jahr in der Psychiatrie und redet nicht mehr. Würden Sie sich unserer Tochter annehmen?" – „Das entscheide nicht ich, das entscheidet Ihre Tochter, ob sie mit mir sprechen möchte", gab Hilde zurück, „Sie können mit ihrer Tochter zu mir kommen, und sie soll mir dann an der Haustür antworten, ob sie mit mir sprechen möchte oder nicht." Die Eltern kamen mit ihrer Tochter, und die schaute Hilde nur an, musterte sie mehrfach von oben nach unten. „Und jetzt frage ich dich, willst du mir alles sagen?", sprach Hilde zu dem jungen Mädchen, „wenn du nicht willst, dann will ich auch nicht." Sie nickte, entschied sich für Gespräche. Nach sechs Sitzungen ging das Mädchen wieder zur Schule, Hilde bat die Lehrer in einem persönlichen Gespräch, das Mädchen am Unterricht teilnehmen zu lassen, ohne sie zu benoten. Hilde hatte zu diesem Zeitpunkt noch keine psychologische Ausbildung. Sie schlug dem jungen Mädchen lediglich vor, einmal das

Tagebuch der Anne Frank[29] zu lesen – und sprach mit ihr: „Und jetzt führst du auch ein Tagebuch." Anfänglich schrieb das Mädchen lauter kleine Telefonzettelchen voll. Sie gab Hilde alle Papierstückchen, auf die mit kleinster Schrift geschrieben war. Dabei kam dann zu Tage, dass das Mädchen die Pferde sehr liebte – und zaghaft erklärte sie, dass sie auch in ihren Reitlehrer verliebt sei. Sie hatte sich dafür geschämt, wollte es nicht zugeben und hörte auf, am Essen teilzunehmen. Auch Gespräche führte sie seitdem nicht mehr. Aber durch die Seelsorge brach das auf und Hilde bemerkte: „Gott hat mir Erfolg bei meinem ersten schwierigen Fall geschenkt, sonst hätte ich nicht weiter gemacht."

Nachdem so viele Menschen bei Hilde und Michael Seelsorge in Anspruch genommen hatten, schrieb das Paar einen Brief an die Ludwig-Hofacker[30]-Vereinigung (seit 2011 umbenannt in Christus-Bewegung „Lebendige Gemeinde"). Diese Vereinigung ist ein Zusammenschluss evangelikaler Christen mit pietistischem Hintergrund innerhalb der Evangelischen Landeskirche in Württemberg. Sie schlugen in diesem Brief eine christliche Seelsorgeausbildung vor, um der Not der vielen Hilfesuchenden entgegenzutreten.

Im Pietismus herrschte zu dieser Zeit noch eine ganz starke Abneigung gegen Psychologie, man unterschied auch nicht zwischen Psychologie und Psychotherapie. Und innerhalb der Psychotherapie unterschied man auch nicht zwischen den einzelnen Schulen. Da nahm man nur Sigmund Freud[31] wahr, der ein erklärter Gegner des Pietismus war. Michael Dieterich erschien vielen als Freudianer, obwohl er doch Psychologe war. Michaels Ansicht zu Freud wurde in diesem Satz sehr deutlich: „Wahrscheinlich ahnen viele Psycho-

---

29 Anne Frank, *1929, †1945, jüdisches deutsches Mädchen, das 1934 mit seinen Eltern in die Niederlande auswanderte, um der Verfolgung durch die Nationalsozialisten zu entgehen und kurz vor Kriegsende dem Holocaust zum Opfer fiel. Ihr Tagebuch wurde nach dem Krieg veröffentlicht.

30 Ludwig Hofacker, *1798, †1828, deutscher evangelischer Pfarrer mit einer besonderen Predigtgabe.

31 Sigmund Freud, *1856, †1939, österreichischer Neurologe, Tiefenpsychologe und Religionskritiker.

analytiker selbst um die Defizite in ihrem Konzept, denn mit Freud alleine kann man ja nicht wirklich helfen."

Auf Michaels und Hildes Brief an die Ludwig-Hofacker-Vereinigung hin tagte ein Gremium in Korntal bei Stuttgart. Nach dieser Vorsondierung wurden sie zu einem Gespräch geladen, in dem sie um eine Vorstellung ihrer Pläne gebeten wurden. Neben der Ludwig-Hofacker-Vereinigung waren im etwa fünfzigköpfigen Komitee auch Vertreter des Evangeliumsrundfunks, vom Christlichen Verein Junger Menschen und von der Presse Idea anwesend, Rolf Scheffbuch[32], Otto Schaude und Gerhard Maier[33], der spätere württembergische Landesbischof, gehörten zu den maßgeblichen Personen. Michael stellte dar, dass Menschen in der Seelsorge mehr als nur reden können müssen, dass es gut ist, wenn sie eine Seelsorgeausbildung vor christlichem Hintergrund haben. Das Wort „Therapie" durfte nicht fallen – das hätte wie ein rotes Tuch gewirkt. Doch Michael verwies auf Untersuchungen von Joseph Durlak in den USA, die belegten, dass Laien nach einer Seelsorgeausbildung von 300 bis 500 Stunden oft nicht schlechter wirkten als langjährig akademisch ausgebildete Psychotherapeuten. Nach dem Vortrag wurden Hilde und Michael aus dem Saal geschickt, damit das Gremium sich beraten konnte. Anschließend wurden beide wieder hereingebeten: „Sie machen für uns probeweise einmal eine solche Ausbildung, aus jeder Denomination dürfen zwei bis drei ausgesuchte Kursteilnehmer kommen." Für diese Probeausbildung war für Michael kein Honorar vereinbart. Es wurde die Bedingung gestellt, dass ein Theologe, Claus-Dieter Stoll vom Albrecht-Bengel-Haus, über den Seminaren wachen solle. Und dann wurde das Paar für den Dienst, der vor ihm lag, gesegnet.

Michael leitete zwei erste Kurse 1985 in Korntal. Jeweils an sechs Samstagen wurden seelsorgerliche Grundlagen bei den Kursteilnehmern geschaffen. Michael war der Hauptsprecher, Hans-Ulrich

---

32 Rolf Scheffbuch, *1931, †2012, deutscher evangelischer Theologe und Prälat von Ulm
33 Gerhard Maier, *1937, deutscher evangelischer Theologe und Jurist, von 1980 his 1995 Rektor des Albrecht-Bengel-Hauses, von 2001 bis 2005 Landesbischof der Evangelischen Landeskirche in Württemberg.

Linke ergänzte die Vorträge als Arzt, Werner Baur als Pädagoge und Claus-Dieter Stoll als Theologe. Nach den beiden ersten Kursen in Korntal stellte Claus-Dieter Stoll fest, dass seine „theologische Bewachung" nicht mehr nötig sei. Bei Gründung der Deutschen Gesellschaft für Biblisch Therapeutische Seelsorge wurde er zweiter Vorsitzender der Gesellschaft.

Über die Ludwig-Hofacker-Vereinigung erfolgten die Einladung und die Anmeldung zu den Kursen. Das Konzept sah in den Anfängen so aus: „Wir nehmen die Bibel ganz ernst, und dazu nehmen wir Methoden aus der Tiefenpsychologie, aus der Verhaltenstherapie und aus der humanistischen Therapie – und diese Methoden verbinden wir miteinander. Anhand von Fallbeispielen besprechen wir Themen wie Depressionen, Eheprobleme oder Zwanghaftigkeit."

Nach diesen beiden ersten Grundkursen kam die Ludwig-Hofacker-Vereinigung auf Hilde und Michael zu und sagte: „Wir können euch nun springen lassen, ihr seid nicht mehr von uns abhängig, sondern ihr dürft jetzt selbstständig Kurse und Ausbildung anbieten." Zuvor besprachen die Ludwig-Hofacker-Vereinigung und Dieterichs den Namen – die Vereinigung schlug den Namen „Biblische Seelsorge" vor, doch Michael entgegnete: „Wir wollen es doch lieber ‚Biblisch Therapeutische Seelsorge' nennen." – „‚Therapeutisch' ist doch gefährlich …" – „Nein, ‚therapeutisch' ist griechisch und heißt ‚dienen, helfen, heilen.'" – Das wurde dann akzeptiert, obwohl „Therapie" zuerst als Reizwort wirkte. Das Gespräch fand 1987 im Hospitalhof in Stuttgart in der Pause einer Synodalsitzung statt.

Michael und Hilde gründeten im selben Jahr die Biblisch Therapeutische Seelsorge, kurz BTS. Als Überbau wurde die „Deutsche Gesellschaft für Biblisch Therapeutische Seelsorge" geschaffen. Bei der Gründung in einem kleinen Gremium mit Claus-Dieter Stoll, Konrad Eißler und Rolf Hille[34] sangen alle Hand in Hand mit tiefem Ernst vor der großen Aufgabe:

---

34 Rolf Hille, *1947, deutscher evangelikaler Theologe und Pfarrer der Württembergischen Landeskirche.

Herr, wir stehen Hand in Hand,
die dein Hand und Ruf verband,
stehn in deinem großen Heer
aller Himmel, Erd und Meer.

Welten stehn um dich im Krieg,
gib uns Teil an deinem Sieg.
Mitten in der Höllen Nacht
hast du ihn am Kreuz vollbracht.

In die Wirrnis dieser Zeit
fahre, Strahl der Ewigkeit;
zeig den Kämpfern Platz und Pfad
und das Ziel der Gottesstadt.

Mach in unsrer kleinen Schar
Herzen rein und Augen klar,
Wort zur Tat und Waffen blank,
Tag und Weg voll Trost und Dank.

Herr, wir gehen Hand in Hand,
Wandrer nach dem Vaterland;
lass dein Antlitz mit uns gehn,
bis wir ganz im Lichte stehn.

Bei der Gründung wurden in der Satzung vier Aufgabenfelder und Ziele für die BTS formuliert: Ausbildung, Supervision, Praktische Seelsorge in einzelnen Beratungsstellen und eine christliche Fachklinik: „Wir wussten, die Klinik ist noch weit weg, doch es ist eine der Aufgaben, die wir in Zukunft angehen möchten."

Als die Kurse ausgeschrieben wurden, gab es einen unfassbaren Ansturm auf die Ausbildung. In einem der Grundkurse waren über 300 Teilnehmer. Veranstaltungsorte waren Langensteinbach, Leinfelden, Solingen und Hamburg.

Am Hamburger Grundkurs nahm der damalige Präses der Freien Evangelischen Gemeinde, Fritz Laubach[35], mit seiner Frau teil. Diese Begegnung öffnete die Tür zu den Freikirchen. Im Hamburger Grundkurs war es auch beeindruckend, mitzuerleben, wie ein Hafenarbeiter neben einem Arzt in der ersten Reihe saß und sich bei schwierigen Begrifflichkeiten immer wieder helfen ließ.

Am Abend der Grundkurse organisierte Hilde stets ein Ereignis mit einem christlichen Künstler, der Gospel, eine Lesung oder Kabarett vortrug. Eine namhafte Künstlerin aus diesem Kreis war etwa Pat Garcia[36]. Durch die Einladung durch die BTS wurden auch die Künstler finanziell unterstützt. Und die künftigen Berater erlebten den interessanten Bezug zwischen Kunst und Seelsorge.

Michael und Hilde führten die Kurse bis 1993 ehrenamtlich durch. Sie lebten von dem Gehalt aus Hamburg. Nebenher leistete Michael Unternehmensberatung. Viele Kontakte entstanden auch durch seine Vorträge in der Internationalen Vereinigung Christlicher Geschäftsleute. Es war dies eine Zeit, in der das Paar viel unterwegs war. Die Vortragsanfragen unterschiedlichster Art gingen oft bis an die Belastungsgrenze, da sich ein immer größer werdender Bedarf an Aufklärung zu der bisher gefürchteten Psychologie zeigte. Eine große Möglichkeit dazu ergab sich in der Hans-Martin-Schleyer[37]-Halle in Stuttgart, in der Michael für die Ludwig-Hofacker-Vereinigung vor einigen Tausend Zuhörern sprechen und das Konzept der Biblisch Therapeutischen Seelsorge verdeutlichen konnte.

Für viele Menschen waren die Kurse ein großer Segen, immer wieder fielen Sätze wie „Jetzt bin ich endlich entlastet.", „Endlich kann ich wieder glauben.", „Jetzt habe ich Freude im Glauben und eine befreite Liebe zu Jesus.", „Jetzt ist der Zwang weg." In Österreich äußerte sich nach einem Grundkurs eine Ordensschwester: „Jetzt weiß ich, warum ich Nonne geworden bin." Sie

---

35 Fritz Laubach, *1926, ein deutscher evangelischer Theologe.
36 Pat Garcia, Geburtsjahr unbekannt, afroamerikanische Gospel-Sängerin in Deutschland.
37 Hans Martin Schleyer, *1915, †1977, deutscher Arbeitgeberpräsident von 1973 bis 1977, wurde von der Roten Armee Fraktion entführt und ermordet.

wurde kurze Zeit danach in den Vorstand der BTS Österreich berufen.

In den Kursen wurde viel mit dem Ansatz von Viktor Frankl gearbeitet und therapeutisch in die Zukunft gesehen, um Altes hinter sich zu lassen, ganz gemäß Philipper 3,13

„Ich vergesse, was hinter mir liegt, und strecke mich nach dem aus, was vor mir liegt."

Ein einprägsamer Satz war:

„Heute ist der erste Tag deines restlichen Lebens."

Zehn bis fünfzehn Jahre gab es eine blühende Arbeit mit viel Freude über den Aufbruch im Land und im Leben der Menschen, die an den Kursen teilnahmen. Jeder Grundkurs war „lebendig wie ein Kirchentag", so eine Teilnehmerin aus der Schweiz.

Damals schon lehrte die BTS die Methodenpluralität, M = f (R x U x S), das heißt die therapeutische Methode ist eine Funktion des Ratsuchenden, der Umstände und des Seelsorgers. Deshalb konnte die BTS auch mit Ansätzen von Rogers[38], Adler und Frankl und vielen anderen arbeiten. Durch das intensive Studieren der Psychotherapieschulen in Hamburg konnte Michael die daraus gewonnenen Erkenntnisse nun nutzen. Methodenpluralität erinnerte ihn sehr an seine Hammerzange, die auch viele Funktionen in sich barg.

Genauso wie Michael mit den Elementen der verschiedenen Therapieschulen umgehen konnte, gelang ihm auch der Umgang mit den unterschiedlichsten Denominationen: „Ich habe keine Mühe mit den verschiedenen Denominationen, Baptisten, Methodisten, Liebenzellern, Adventisten, Katholiken. Bei der BTS gibt es keine Abgrenzungen zu den einzelnen Denominationen."

---

38 Carl Rogers, *1902, †1987, US-amerikanischer Psychologe und Psychotherapeut, Begründer der klientenzentrierten Gesprächstherapie.

Hilde hatte viele Seelsorgeanfragen in dieser Zeit. Eine Frau, die kein Auto hatte, bat sie um einen Besuch, um ein Seelsorgegespräch zu führen. Die Frau hatte tiefe Depressionen. Hilde fuhr – entgegen aller Regeln der Psychotherapie – zu ihr nach Hause und sang mit ihr ein Lied. Danach ließ sie die Frau reden. Und sie glaubte ihr die erzählte Geschichte. Das war der Frau ein wichtiges Erlebnis, dass Hilde ihr geglaubt hat – obwohl ihr sonst niemand vertraute. Sie sprach eine Stunde mit Hilde, um dann festzustellen, dass ihr das guttat: „Mögen Sie wieder zu mir kommen? Ich kenne eine Frau, die wollte Selbstmord begehen, wollte sich erhängen – und dabei ist der Strick gerissen. Darf ich diese Frau dazuholen?" Hilde hatte bislang mit Suizid nichts zu tun, sie wusste nicht, ob die Herausforderung zu groß werden könnte. Sie stimmte trotzdem zu. Diese Frau kam zum nächsten Treffen, schwarz gekleidet und berichtete sehr viel aus ihrem Leben. Der ersten Frau ging es schon sehr viel besser. Und dann waren sie schon zu dritt: die erste BTS-Gruppe war geboren. Und die Frau, die ursprünglich Suizid begehen wollte, sagte: „Ich weiß jetzt, woher meine Depressionen kommen. Darf ich das auch anderen erzählen, damit wir hier wöchentlich zusammenkommen?" Die Gruppe wuchs rasch auf zwölf Frauen an. Später musste Hilde eine zweite Gruppe gründen, weil die Nachfrage so stark war. In der Gruppe lehrte sie die Methodenpluralität, denn sie wurde gefragt: „Warum verhalten sie sich zu der einen Person so – und zu einer anderen ganz anders?" – „Warum, denkt ihr, war ich jetzt bei dieser Frau direktiv und bei jener Frau non-direktiv?" Daraufhin haben sich die Gruppenteilnehmerinnen Gedanken gemacht, kamen auf das richtige Ergebnis und konnten Hildes Handeln in der Gruppe verstehen: Es gibt unterschiedliche Störungen und unterschiedliche Menschen, und daher muss man auch durch unterschiedliche Türen gehen. Auf diese Weise wurde die BTS-Gruppe selbst geschult. Die Frauen lernten, mit sich und den anderen umzugehen: „Sie konnten ja denken – sie waren anfangs nur blockiert." Die Frauen hatten Angststörungen, Depressionen, Eheprobleme oder Essstörungen. Um einen großen Tisch saß nun wöchentlich eine Pfarrersfrau neben einer Bauersfrau oder einer Masterstudentin, eine Großmutter saß neben einer Enkelin. Es war ein kunterbunter Kreis. Nach diesen guten Erfahrungen – von einem Aha-Erlebnis zum nächsten – wurden in der BTS landesweit BTS-Gruppen auch für Männer gebildet. Die Konzepte der BTS waren einfach und für alle Kursteilnehmer klar verständlich – mittels Methodenpluralität wurden die Verfahren verschiedener Schulen genutzt.

Hilde und Michael auf einem Grundkurs in Österreich, 1995

Die BTS war über Baden-Württemberg hinaus auch im übrigen Deutschland, in Österreich und in der Schweiz aktiv. Sie ging auch nach Plauen und Greifswald in die neuen Bundesländer.

In Österreich sprachen Hilde und Michael vor großem Auditorium. In Wien empfingen sowohl der evangelische Bischof als auch

Kardinal Christoph Schönborn[39] die BTS-Delegation. Dabei bot Kardinal Christoph Schönborn sein Palais für einen Grundkurs an. Aus Rücksicht auf die wohl kritische Einschätzung der Evangelikalen nahm Michael das Angebot allerdings nicht an.

Michael hatte einen Bekannten mit einem Privatflugzeug. Der musste zum Aufrechterhalten seiner Fluglizenz seine Stunden abfliegen. Er bot an: „Ich fliege euch, wohin ihr wollt, ihr müsst nur das Kerosin zahlen." Die Kosten waren auf diese Weise niedriger als bei einer Fahrt mit der Deutschen Bahn. Mit der Cessna sind sie dann vor Ort auf dem Feld gelandet: „Und manche Menschen haben wohl gesagt: ‚Die Dieterichs spinnen. Die sind größenwahnsinnig.'" Wer Michael ansprach, bekam jedoch die besondere Situation erklärt.

Nach einem Unternehmensberatungstermin bei einer großen Firma sagte ein netter Unternehmer zu Michael, der mit seinem Touring Diesel zum Termin erschien: „Herr Dieterich, wenn Sie so noch einmal kommen, können Sie bei uns nicht mehr beraten. Sie brauchen ein anständiges Auto." – „Ja, was für ein Auto sollte ich denn da haben?", fragte Michael, der ahnungslos war. – „Sie brauchen einen Jaguar." Also kaufte er sich für die Industrieberatungstermine einen gebrauchten kleinen Jaguar, den XJ6. Später verschenkte er das Fahrzeug: „Auf manche Christen haben wir durch die Flugreisen und das Fahrzeug wahrscheinlich provokativ gewirkt."

---

39 Christoph Schönborn, *1945, römisch-katholischer Theologe, seit 1995 Erzbischof von Wien, seit 1998 Vorsitzender der Österreichischen Bischofskonferenz.

Friedensau

Nach fünf Jahren erhielt Michael an der Universität Hamburg ein Freisemester für die Forschung. Er arbeitete in dem in Freudenstadt gegründeten „Institut für Psychologie und Seelsorge", IPS, an seinen Projekten. In diesem Institut wurden auch Studenten zum „Akademisch geprüften Lebens- und Sozialberater" ausgebildet. Allerdings war eine Masterprüfung nicht möglich, deshalb wurde nun intensiv nach einem Hochschulanschluss gesucht. Durch die anfallenden Studiengebühren konnte das Gehalt von Michael bezahlt werden.

Später, 1993 bis 1996, ließ er sich für die Fortentwicklung seiner Arbeiten für die BTS vier Jahre ohne Bezüge freistellen. Eine weitere Freistellung war aufgrund des Hochschulrechtes aber nicht mehr möglich. Die Fakultät der Universität Hamburg hatte inzwischen – in Abwesenheit Michaels – entschieden, dass er nach seiner Beurlaubung Dekan werden solle. Und dann hätte er wohl nach Hamburg umziehen müssen. Doch Michael entschied sich, nach langer Beratung mit seinen Mitarbeitern, an der Universität in Hamburg zu kündigen, was allerdings bedeutete, den Beamtenstatus als Universitätsprofessor zu verlieren: „Jetzt werde ich in der BTS gebraucht."

Er wollte auch nach dem Ausscheiden von der Universität Hamburg an eine Hochschule angebunden bleiben, wollte an einer christlichen Universität verortet sein, um BTS-Absolventen auch ein wissenschaftliches Hochschulstudium mit Masterabschluss anbieten zu können. Der Sektenbeauftragte der Baden-Württembergischen Landeskirche, Hansjörg Hemminger[40], sprach ihn an: „Ich kenne da eine Hochschule, die braucht unbedingt jemanden, der ihre Abteilung Psychologie, Psychotherapie, Seelsorge aufbaut. Das ist die Hochschule der Siebenten Tags Adventisten in Friedensau." –

---

40 Hansjörg Hemminger, *1948, deutscher Verhaltenswissenschaftler und Spezialist für Sekten und religiöse Randgruppen.

„Hemminger gab mir dann als Sektenbauftragter eine Expertise, dass die theologischen Inhalte der Adventisten – die ich zuvor gar nicht kannte – zu 95% mit dem übereinstimmen, was die evangelikale Kirche glaubt." Michael nahm auf diese Aussage hin eine Berufung aus Friedensau als Ordinarius für Erziehungswissenschaft, Sozialpädagogik und Psychotherapie an. Hier konnte er akademisch forschen, das Institut für Psychologie und Seelsorge wurde an die Universität angegliedert. Er baute den Studiengang in Friedensau auf und schuf zugleich eine akademische Studienmöglichkeit für BTS-Absolventen. Für dieses Studium konnte er das Curriculum bestimmen und all seine früheren Erfahrungen einbringen. Von da an fuhr er nicht mehr nach Hamburg, sondern nach Friedensau. Mit den Entwicklungen der neuen Technik war es später auch möglich – verbunden über fünf Telefonleitungen zur Schaffung einer entsprechenden Bandbreite – Vorlesungen aus Freudenstadt nach Friedensau per Videoschaltung zu übertragen. Geld bekam er dafür jedoch nicht, obwohl er ordentlicher Professor in Friedensau war. Michael musste sich selbst finanzieren. Sogar für die Telefonleitungen zur Videoschaltung nach Friedensau musste er selbst aufkommen. Diese Finanzierung gelang durch eine rege Unternehmensberatung, bei der er große Firmen – wie BASF – konsultierte. Bei einer solchen Firmenberatung lag das Tageshonorar ausreichend hoch. Daher war es für Michael nachrangig, aus Friedensau nicht bezahlt zu werden. Wichtig war ihm, getreu der zusammen mit Kurt Heimbucher entwickelten Vision, der Masterstudiengang in christlicher Seelsorge.

Michael lernte Adventisten als gläubige Schwestern und Brüder kennen, er mochte sie. Sie haben in seinen Augen zwar einige Besonderheiten, aber die konnte er respektieren. Er war gern in Friedensau. Manchmal predigte er auch in der Kirche der Adventisten, da spürte er ganz besonders die geistliche Nähe zu den Geschwistern. Die württembergischen Evangelikalen haben seine Lehrtätigkeit in Friedensau jedoch sehr misstrauisch wahrgenommen. Michael erinnerte sich: „Ein Freund sagte mir damals, dass meine

Lehrtätigkeit in Friedensau meinem Ruf in evangelikalen Kreisen in Württemberg geschadet habe. Und ich wollte eigentlich arglos nur einen Studienabschluss mit christlichen Inhalten ermöglichen."

War das Annehmen eines Rufes an die Hochschule in Friedensau ein kirchenpolitisch-strategischer Fehler?

In einer Sitzung der Friedensauer Fakultät, an der Michael aus Termingründen nicht teilnehmen konnte, wurde ihm später die Zustimmung zu seinem Institut entzogen und die weitere Zusammenarbeit aufgekündigt. Daraufhin sprach ein Freund, Prof. Horst Beck, ihn an: „Ich lasse dich an die Gustav-Siewerth-Akademie in Weilheim-Bierbronnen berufen, das ist eine wissenschaftliche Hochschule auf gutem katholischem Boden." Den Ruf an die wissenschaftliche Hochschule unterschrieb der Rektor Graf Brandenstein-Zeppelin. Michael nahm an und wurde nach dem Ende seiner Lehrtätigkeit in Friedensau Ordinarius für Erziehungswissenschaften, Sozialpädagogik und Psychotherapie in Bierbronnen. Die Gustav-Siewerth-Akademie stand unter der Leitung der Philosophin Prof. Alma von Stockhausen[41]. Die Hochschule suchte sich Fachleute aus katholischer und evangelischer Theologie, beispielsweise Peter Beyerhaus aus Tübingen, auch Naturwissenschaftler wie Horst Beck oder auch den aus dem Fernsehen bekannten Historiker Guido Knopp[42], um vor dem Hintergrund eines christlichen Menschenbildes zu lehren und zu forschen. An der Gustav-Siewerth-Akademie konnten Michaels Studenten nun ihr Masterstudium fortführen und erfolgreich abschließen.

---

41 Alma von Stockhausen, *1927, deutsche Philosophin und Gründerin der Gustav-Siewerth-Akademie.

42 Guido Knopp, *1948, deutscher Journalist, Historiker, Publizist und Moderator.

Die BTS-Klinik

Weil Michael und Hilde im Länderdreieck Deutschland, Schweiz, Österreich viele BTS-Kurse leiteten und nachdem auch das gemietete Haus in Stetten – ohne Gästezimmer – recht klein geworden war, zog die Familie 1990 nach Nenzingen an den Bodensee. Dort kauften sie ein Haus. Das Paar fuhr wöchentlich zu den BTS-Sitzungen nach Stuttgart. Dort hatte die BTS-Geschäftsstelle in den Räumen der Olga-Schwestern ein neues Domizil gefunden. Der Leiter des Diakonieverbandes der Olga-Schwestern wurde als Vorstandsmitglied der Deutschen Gesellschaft für Biblisch Therapeutische Seelsorge, DGBTS, berufen. Die DGBTS hatte nun auch einen Geschäftsführer, der für die Finanzen verantwortlich war. Michaels Aufgabe war es hingegen, das Curriculum für die weiteren Kurse zu entwickeln.

Von Nenzingen aus war es für Hilde und Michael jetzt viel einfacher, zu den Grundkursen nach Zürich, nach Bern, nach Wien und nach Graz zu fahren. Im neuen Haus hatten die Kinder zudem auch eigene Zimmer.

In der BTS ging es derweil voran. Einzelne Absolventen der Kurse gründeten Beratungsstellen, es wurden BTS-Kurse angeboten, es gab Supervision – alles, was in der Satzung stand – nur eine Klinik gab es noch nicht. Michael und Hilde sprachen immer von der „Herberge", wenn sie die Klinik meinten. Sie dachten dabei an den barmherzigen Samariter aus Lukas 10, der einen halbtoten Menschen in eine nahegelegene Herberge brachte.

Im Beirat der BTS saßen einige findige Leute, die fleißig nach einem geeigneten Haus für eine „Herberge" Ausschau hielten. Eines der angebotenen Häuser war 1993 die Klinik Bethel in Bad Wildbad.

Alle über die Ludwig-Hofacker-Vereinigung beteiligten Gruppierungen waren bereit, einen finanziellen Beitrag für eine evangelikale Klinik zu leisten. Das Haus in Bad Wildbad gehörte den Baptisten, dort gab es auch Diakonissen im Ruhestand. Diese haben sich gefreut, für die Menschen, die dorthin kamen, zu beten. Die Finanzierung erfolgte nach Eröffnung der Klinik 1994 rein privat ohne Zulassung durch die Krankenkassen. Die Arbeit lief mit großem Erfolg für die Menschen, die stationäre Hilfe in der Klinik in Anspruch nahmen. Die Klinik hatte rund dreißig Mitarbeiter. Es arbeiteten auch vier Ärzte in der Klinik, die allerdings keine fachärztliche Qualifikation besaßen. Für eine kassenärztliche Zulassung brauchte die Klinik jedoch einen approbierten Psychiater als Leiter. Der BTS-Vorstand suchte nach einem christlichen Arzt – aber es fand sich ausschließlich ein Arzt mit einem analytischen Konzept nach Carl Gustav Jung[43]. Eine andere Wahl gab es nicht, wenn man eine Kassenzulassung anstrebte. Der Facharzt teilte allerdings das ganzheitliche Konzept der BTS nur sehr eingeschränkt. Er wollte Ideen einbringen, die sich mit dem BTS-Konzept kaum vertrugen. Die Konsequenz war, dass die BTS-Klinik keine Klinik im Sinne der BTS war. Wer eine BTS-Ausbildung als Seelsorger machte, musste an der Klinik ein Praktikum belegen – nur hatte der leitende Arzt selbst keine BTS-Ausbildung absolviert. Die Wege zwischen der Klinik und dem Chefarzt trennten sich daraufhin wieder und ein Assistent wurde ärztlicher Chef der Klinik.

Als die Kassenärztliche Vereinigung der Klinik immer noch die Zulassung verweigerte, entschloss sich der Geschäftsführer der BTS, Karlheinz Weisser, zu klagen: „Sie haben die christliche Fachklinik Ignis zugelassen, da müssen sie auch uns zulassen." Die Klage am Sozialgericht wurde in erster Instanz wegen therapeutischer Fragen verloren, die BTS zog dann vor das Bundessozialgericht in Kassel und gewann dort ein Jahr später. Doch der bürokratische Weg bei den Kassen war zu lang. Die vielen Mitarbeiter und die Räumlichkeiten mussten während des Anerkennungsprozesses weiter monatlich bezahlt werden.

Paul Lechlers[44] Enkelsohn machte 1996 während dieses Um-

---

43 Carl Gustav Jung, *1875, †1961, Schweizer Psychiater und Begründer der analytischen Psychologie.
44 Paul Lechler, *1849, †1925, deutscher Unternehmer und Gründer des Deutschen Instituts für Ärztliche Mission.

bruchs ein Angebot: „Wir haben in Freudenstadt ein Haus, eine Großanlage, da gibt es das Grandhotel Palmenwald, und unterhalb ist ein Schwarzwaldparkhotel mit großem Grundstück, das jetzt leer steht, das schenken wir euch. Es liegt zwar eine Hypothek auf dem Anwesen, doch der Wert der Immobilie übertrifft die Hypothek um ein Vielfaches." Paul Lechler hatte als Industrieller im Jahr 1916 die Tropenklinik in Tübingen gegründet, die auch viele Missionare betreute, die in Afrika tätig und dort erkrankt waren. Sein Enkel hörte von der Arbeit der BTS und wollte helfen. Während einer beratenden Sitzung in der Anlage des Schwarzwaldparks besuchte Hilde die kleine Kapelle, die zum Anwesen gehörte. Dort fand sie eine Bibel, aufgeschlagen bei Hiob 42,2:

„Ich erkenne, dass du alles vermagst, und nichts, das du dir vorgenommen, ist dir zu schwer."

Sie kehrte in die Sitzung zurück und berichtete von dem Wort und alle bestätigten: „Das ist ein wundervoller Zuspruch." Die Geschäftsführung hat dann den Vertrag mit Paul Lechlers Enkel 1996 unterzeichnet. Die BTS-Klinik zog daraufhin von Bad Wildbad nach Freudenstadt in den Schwarzwaldpark um.

Der Winter 1996 auf 1997 war sehr streng. Wasserleitungen im Schwarzwaldpark barsten und das Anwesen erfuhr einen schweren Wasserschaden, alle Bäder wurden unbrauchbar, die Räumlichkeiten des Schwarzwaldparks konnten nicht genutzt werden. Die Versicherung übernahm nur den Wasserschaden, nicht aber die Folgekosten infolge des Nutzungsausfalls. Unter großem Einsatz leisteten viele Menschen unentgeltliche Arbeit, um den Schwarzwaldpark wieder instand zu setzen. Hilde erbte von ihrem Vater über 100.000 Mark, die sie für die BTS-Klinik spendete. Aber um den Schwarzwaldpark zu einer Klinik umzubauen, waren weitere Mittel nötig. Der Geschäftsführer der BTS, Karlheinz Weisser, sagte: „Michael, wir brauchen weitere Sicherheiten, um den Schwarzwaldpark auszubauen." Also bürgten Hilde und Michael mit ihrem Haus in Höhe von 300.000 Mark für die BTS-Klinik. Damit erhielt das Projekt weitere Finanzen von der Bank. Das Haus am Bodensee verkauften Hilde und Michael, und sie kauften ein eben frei gewordenes Haus neben dem Schwarzwaldpark, um für die Studenten ein Seminarhaus zu schaffen. Das Seminarhaus stellten Dieterichs der BTS mietfrei zur Verfügung: „Wenn wir dafür sind, dass es mit der Klinik weitergeht, dann müssen wir alle Anstrengungen auf uns nehmen." Dieterichs zogen nach dem Verkauf des Hauses am Bodensee in das inzwischen erweiterte Haus auf dem Kniebis in Freudenstadt, das ihnen bislang als Ferienhaus gedient hatte.

Im Hotel Waldblick in Freudenstadt-Kniebis hatte die BTS jedes Jahr ein mehrtägiges Zusammentreffen. Neben den fachlichen Besprechungen gab es starke spirituelle Akzente. Buße und Abendmahl waren ein fester Bestandteil dieser Retraite. Schon Ende der 1990er Jahre spürte Hilde dort ein „fernes Grollen".

Frühere Spender für das Klinikprojekt bekamen aufgrund der vielen Schwierigkeiten um die Kassenzulassung Angst um ihre Mittel und versagten die weitere Unterstützung. Die BTS wurde zahlungsunfähig, die BTS-Klinik wurde geschlossen. Zu dieser Zeit lag bei der Evangelischen Kreditgenossenschaft eine Bürgschaft über 300 000 Mark zu Lasten von Hilde und Michael vor. Als die BTS Insolvenz anmelden musste, stand die Bank sofort bei ihnen vor der Tür und Michael musste bedienen. Dieterichs haben bei der Insolvenz über 400 000 Mark ihres Privatvermögens verloren – 300 000 Mark aus der Bürgschaft und 100 000 Mark aus Hildes Erbe und viele weitere Zuschüsse: „Wir haben das Geld gegeben, weil wir wussten, Gott hat uns zu diesem Werk berufen. Und dann müssen auch wir finanziell bereit stehen." So verkauften die beiden ihr Haus auf dem Grundstück neben dem Schwarzwaldpark, das sie der BTS als Seminarhaus zur Verfügung gestellt hatten, um der Evangelischen Kreditgenossenschaft die Bürgschaft zurückzuzahlen. Zudem zahlten Michael und Hilde bis ins Jahr 2005 monatlich über 3000 Euro Restschuld aus der Bürgschaft zurück: „Wenn wir für etwas sind, dann müssen wir auch dafür bürgen. Und Gott segnet das. Auf der göttlichen Sparkasse sind unsere Finanzen am besten aufgehoben."

Zwischenruf

An dieser Stelle des Buches sei mir als Autor ein Zwischenruf gestattet. Zu verwirrend erscheinen mir die Probleme der BTS zu diesem Zeitpunkt. Schwere Vorwürfe stehen gegen Michael Dieterich im Raum, die auch schon Michael Rohde – mein Berliner Gast – mir gegenüber erwähnt hat. Welche Fakten habe ich? Meine Intention ist hier, dass der Leser seine eigenen Schlüsse zieht.

Vor mir liegt ein Fax, das mir Hilde und Michael ausgehändigt haben. Es ist datiert vom 19. Juli 2000, 0:14 Uhr in der Nacht. Als Absender findet sich eine Telefonverbindung. Eine reverse Suche im Telefonverzeichnis zeigt mir, dass die vollständige Telefonnummer einem der zeichnenden Namen am Ende des einseitigen Dokuments zugeordnet werden kann.

Das Fax ohne Briefkopf ist adressiert unter anderem an die Werke und Verbände, die bei der Gründung der Deutschen Gesellschaft für Biblisch Therapeutische Seelsorge, kurz DGBTS, beratend beteiligt waren, an den Evangelischen Oberkirchenrat Stuttgart, an Studienleiter und Supervisoren der DGBTS sowie an den Insolvenzverwalter.

Das Fax schließt mit acht Namen:

„gez. Andrea und Werner Baur (ehem. Vorstandsmitglied der DGBTS, Oberkirchenrat)
Martina und Volkhard Malessa (Geschäftsführer der DGBTS, Kaufmann)
Friedhilde Stricker (Dipl.-Theologin) und Hartmut Stricker (Vorstandsmitglied der DGBTS, Unternehmer)
Dorothea und Wilfried Veeser (BTS-Studienleiter, Pfarrer)"

Überschrieben ist das Dokument mit dem Wort *Erklärung*.

Die Erklärung verweist einleitend auf die am 11. Juli 2000 beantragte Insolvenz der DGBTS. Für die „jetzige Lage" wird ursächlich ein fehlerhafter Leitungsstil von Prof. Dr. Michael Dieterich verantwortlich gemacht. Die Leitung der DGBTS habe sich durch ihre Selbstdarstellung die Türen zu Kirchen, Verbänden, Fachgesellschaften und befreundeten Werken faktisch selbst verschlossen. Die finanzielle Misswirtschaft der früheren Geschäftsführung und des Leiters der BTS sei durch ein sich der Kontrolle entziehendes Führungssystem der BTS ermöglicht worden.

Die schweren Anschuldigungen gegen Michael werden nicht näher erläutert. Vorwürfe eines fehlerhaften Leitungsstils, einer Selbstdarstellung und einer finanziellen Misswirtschaft werden nicht weiter begründet. Trotz gründlichem Studium verstehe ich nicht, wie man all das Michael zur Last legen kann. Zur Aufklärung trägt dieses Dokument nicht bei. Es dient allenfalls der Rufschädigung. Ich lege das Fax zur Seite.

Die Informationen, die ich aus dem Fax zitiere, wurden nicht vertraulich behandelt: Die Mitteilungen sind deckungsgleich mit einem Artikel in Idea Spektrum.

Idea Spektrum, Heft 31/32/2000 vom 10. August 2000, Seite 8:
„Die DGBTS ist finanziell am Ende"

Den Artikel erhielt ich nach einer Emailanfrage über die Homepage von Idea Spektrum als pdf-Datei.

Mir geht durch den Kopf, dass der Erfolg immer viele Väter hat, gerne will sich jeder im Licht sonnen. Für einen Misserfolg melden sich üblicherweise nur wenige Väter. Manchmal deutet die Menge auch einen Schuldigen aus. In diesem Fall war der ausgedeutete Schuldige Michael Dieterich. Und der Misserfolg war die Insolvenz der BTS infolge der Schwierigkeiten des Klinikprojekts.

„Warum habt ihr nicht auch eine Presseerklärung ausgegeben?", fragte ich Hilde und Michael. – „Die Frage ist berechtigt. Aber du glaubst nicht, was für ein Sturm seit dem 19. Juli 2000 über uns hereingebrochen ist. Da war eine so große Phalanx gegen uns. Eine gegendarstellende Presseerklärung wäre sinnlos gewesen. Uns hätte niemand geglaubt. Da haben wir geschwiegen." Michael übergab mir daraufhin ein Worddokument mit einer wissenschaftlichen Untersuchung zum Bruch der DGBTS: „Das kannst du gern lesen." Das Worddokument umfasst ein Editorial des Journals „Religion, Staat, Gesellschaft" und eine Publikation von Petra Tallafuss und Cathrin Hoffmann mit dem Titel „Mobbing im Interesse der cura animarum?"

Mobbing

„Es ist unprofessionell, wenn du dieses Worddokument als wichtigen Schlüssel für eine Biographie über Hilde und Michael verwendest", kam mir als Gedanke. Ich wollte über den Zweifel erhaben sein, von Michael mit einem in Wirklichkeit vielleicht unveröffentlichten Worddokument manipuliert zu werden. Die Presseerklärung hatte erste Zweifel an der Glaubwürdigkeit der Dieterichs bei mir gesät. „Bevor diese Saat bei mir aufgeht, wende ich mich an den Verlag und bestelle den Artikel", war meine Reaktion. Im Internet fand ich rasch den verantwortlichen LIT-Verlag aus Berlin, Münster, Wien, Zürich, London. Eine Emailanfrage an den Verlag ergab jedoch, dass die gesuchte Publikation aus dem Jahr 2004 inzwischen weder als Printversion noch als pdf-Datei bezogen werden kann: „Wenden Sie sich bitte an ein Antiquariat."

Ich wandte mich nicht an ein Antiquariat – das wäre zur Suche nach der Nadel im Heuhaufen geworden. Ich wandte mich an meine Freunde Barbara und Dr. Winfried Bothe, die Bibliothekare in Regensburg sind. Sie suchten das Editorial und den Artikel über die Fernleihe Deutscher Universitätsbibliotheken. An der Universitätsbibliothek Passau wurden sie fündig. In Passau wird die Publikation unter folgender Signatur geführt:

Signatur:	*75/75/BA 5921.03 * 2004, 1, 5-31*
Buch/Zeitschrift:	*Religion, Staat, Gesellschaft*
ISSN/ISBN:	*1438-955X*
Ort:	*Münster [u.a.]*
Titel des Aufsatzes:	*Mobbing im Interesse der cura animarum*
Autor des Aufsatzes:	*Tallafuss, Petra*
Jahrgang:	*2004*
Seitenangabe:	*5 – 31*

Die Fernleihe kostet 1,50 Euro. Trotz Poststreik im Juni 2015 erhalte ich in kürzester Zeit die Publikation. Sie ist deckungsgleich mit dem Worddokument, das mir Michael übergeben hat. Die Saat geht bei mir nicht auf.

Journal mit dem Artikel *Mobbing im Interesse der cura animarum?*

Erst jetzt traue ich mich, das zusammenfassende Editorial zur Publikation zu zitieren:

Petra Tallafuss und Cathrin Hoffmann berichten in ihrem Aufsatz über einen Fall von Mobbing aus dem evangelikalen Milieu. Es handelt sich um die „Deutsche Gesellschaft für Biblisch-therapeutische Seelsorge" (DGBTS), die unter ihrem Leiter Professor Michael Dieterich nicht nur zur Versöhnung bibeltreuer Kreise mit moderner Psychotherapie beitrug, sondern auf den verschiedenen Feldern der Seelsorge auch eine stattliche Arbeitsleistung vorweisen konnte. Vordergründig hatte der Zusammenbruch finanzielle Ursachen. Für die konstatierte finanzielle Misswirtschaft suchte man allein Dieterich verantwortlich zu machen. Daneben wurden aber Vorwürfe laut, die wohl den eigentlichen Grund für die Distanzierung von Dieterich wiedergeben – wolkige Formulierungen, die darauf hindeuten, dass der einzig fachlich ausgewiesene Leiter den Möchtegern-Therapeuten ein Dorn im Auge war. Die über das Internet freigesetzten Aggressionen und die Härte der Auseinandersetzung desavouiert den religiösen Anspruch der Beteiligten. Dieterich erhielt nicht einmal Gelegenheit, sich zu den Anwürfen zu äußern. Nach dem Hinauswurf Dieterichs sind die Laienspieler wieder unter sich – die Stuttgarter Kirchenleitung, der Gnadauer Gemeinschaftsverband und die Evangelische Allianz tragen den unglaublichen Vorgang anscheinend mit.

Wie wirkt das auf mich?

Ben Vaske, der jetzige Geschäftsführer der BTS, telefoniert mit mir, inzwischen haben wir den 30. Juni 2015: „Das Thema zum Bruch der BTS solltest du lieber auslassen. Da sind bei vielen Menschen gerade erst Wunden verheilt und man beginnt wieder, miteinander zu sprechen. Eine Aufarbeitung zu den Vorfällen des Bruchs der BTS könnte dem neuen Miteinander schaden." – Ich erwidere: „Wie soll ich ein so wichtiges Kapitel in einer Biographie auslassen? Bei der weitverbreiteten Behauptung, Michael Dieterich sei für eine finanzielle Misswirtschaft der BTS allein verantwortlich, käme ein Auslassen dieses Kapitels doch einer Schuldzuschreibung an Dieterichs gleich." Ben: „Ich möchte dich bitten, mit diesem Thema sehr sensibel umzugehen. Ich rate dir daher, deine Biographie kritisch lektorieren zu lassen." – „Ja, dazu bin ich gerne bereit. Bitte nenne mir solch einen Lektor", gebe ich zurück.

Offenbar haben sich viele ganz bequem damit eingerichtet, dass Michael Dieterich als Sündenbock für den Bruch der BTS gilt. Aber wie soll Heilung von Wunden ohne Wahrheit geschehen? Erst die Wahrheit setzt Menschen frei.

Ben Vaske: „Ich würde vorschlagen, dass du diese Biographie einfach besser recherchierst. Es soll ja keine Autobiographie der Dieterichs werden, die nur ihre Sicht der Dinge wiedergibt. Frage Lieselotte Beißwanger, die hat das alles damals miterlebt und sieht das nicht so emotional wie Dieterichs." – „Ja, das werde ich tun. Und zur Ausgewogenheit der Biographie werde ich auch deine Bedenken zu Papier bringen."

Ich versuche, meinen Kopf noch einmal ganz freizumachen. Wie wirkt das alles auf mich? Was macht dies alles mit mir?

Auch ich hatte im Sommer 2013 einmal eine Auseinandersetzung mit Michael. Im Werkstatt Kirche-Projekt hatte ich damals das Gefühl, dass Michael mir so weit voraneilt, dass ich zurückbleibe. Ich fühlte mich abgehängt, nachdem er ohne Rücksprache mit mir eine neue Entscheidung getroffen hatte. Meine Eitelkeit war verletzt. Ich schlief eine Nacht darüber. Nur wenn ich den nächsten Tag noch Verärgerung spürte, wollte ich mich bei Michael melden. Und so war es dann auch. Die Nacht brachte keine Linderung. Ich rief Michael an: „Michael, ich muss meinem Unmut Raum verschaffen", fing ich an. Michael hörte aufmerksam zu. Das Wort Eitelkeit vermied ich. Ich wollte nicht sagen, dass es um meinen Stolz ging. Michael hörte immer noch aufmerksam zu: „Ich bitte dich um Entschuldigung", sagte er, als ich fertig war, und er schätzte es, dass ich das Gespräch mit ihm suchte. Er machte seine Entscheidung im Werkstatt Kirche-Projekt wieder rückgängig. Er kam zurück – auf mich zu. Ich fühlte mich nicht mehr abgehängt. Wir konnten wieder zusammen arbeiten. Denn Michael ist auch in der Lage, um Verzeihung zu bitten, das Miteinander ist für ihn so wichtig, dass er auch bereit ist, einen Demutsweg zu gehen.

Wie von Ben Vaske empfohlen, rufe ich Lieselotte Beißwanger an. Sie ist sofort bereit, meine Biographie gegenzulesen: „Damals wurde die einfachste Antwort gesucht." Ich frage dagegen: „Kann die einfachste Antwort in diesem Fall gewesen sein, dass man einen Schuldigen ausdeutet?" – „Ja", antwortet Lieselotte, „viele Menschen, besonders aus dem evangelikalen Milieu, kommen mit der klaren Art Michaels, zu agieren und Dinge anzusprechen, nicht zurecht. Im Gespräch kennt er keine Tabus." – „Lieselotte, kann man eine Biographie über Dieterichs schreiben und das Thema Bruch der BTS komplett ausblenden?" – Lieselotte überlegt: „Nein", sagt sie nach einer kurzen Pause, „das kann man nicht."

Ich nehme mir wieder das Fax vom 19. Juli 2000 mit der Erklärung vor. Als zeichnende Person findet sich auch der Name des damaligen Geschäftsführers der BTS. Ein Geschäftsführer, der für die Finanzen Verantwortung trägt, darf dem wissenschaftlichen Leiter der Gesellschaft nicht finanzielle Misswirtschaft zuschreiben.

Aufgrund meiner freundschaftlichen Zuneigung zu Hilde und Michael kann man mir zu Recht unterstellen, dass ich nicht in der Lage bin, ein objektives Urteil über die beiden zu fällen. Zu gut sind meine Erlebnisse mit den beiden, zu viel Gutes habe ich durch sie erfahren, als dass ich nicht subjektiv und parteiisch sein könnte. Ich war in einer schwierigen finanziellen Situation, als ich 2009 in Psychotherapie zu Michael kam. Mein damaliger Pastor, Richard Zeier, schickte mich damals zu Michael: „Du bist mir ein zu komplizierter Fall. Du solltest gleich zum Chef." Für die zehn Sitzungen, die mich entscheidend weiterbrachten, wollte Michael nie Geld. Er hat einfach in mich investiert. Was ich zum Ausdruck bringen möchte, ist, dass für ihn das Motiv, Menschen zu helfen, immer vorrangig ist. Finanzen sind für ihn zweifellos nachrangig. Dass solch ein Mann sich finanziell an anderen oder der BTS bereichert, ist vollkommen abwegig. Ich lege mit dem, was ich oben sage, zugleich meine Verbindung zu Michael offen. So geht es auch in der Wissenschaft. Abhängigkeiten und Verbindungen müssen offengelegt werden. Dann kann sich der Leser selbst ein Bild vom Gegenstand der Betrachtung verschaffen.

Vertrauen kann man sich nicht erstreiten. Vertrauen ist ein Geschenk – und eine Entscheidung. Nach Würdigung aller mir im Moment zugänglichen Informationen und Berücksichtigung der persönlichen Erfahrung mit Michael und Hilde, entscheide ich mich, den beiden Vertrauen zu schenken.

Was macht das alles mit mir?

Empörung und Ohnmacht über diese gnadenlose Ungerechtigkeit steigen in mir auf. In mir wird es dunkel. Ich denke an ein Bild, das Hilde 1963 gemalt hat. Auch in diesem Bild finden sich Licht und Dunkelheit. Sie malte sich selbst und wandte sich in dem Bild dem Licht zu.

Auch ich will mich dem Licht zuwenden und finde Ruhe in einem Lied, das mir mein Freund Saša Radovanović schon oft vorgesungen hat, wenn es mir nicht gut ging. Seine Frau Astrid hat den Text gedichtet und er geht so:

Ganz egal, wie's auch um dich steht,
ein Wort nur brauchst du im Gebet:
nur Jesus, Jesus!

Ob du schreist ganz laut
oder flüsterst so leis
im gefüllten Raum
oder auch ganz allein
nur Jesus, Jesus.

Jesus, wie lieb ich deinen Nam',
oh Jesus, verloren wie ich kam.
Ja, Jesus, nahmst du mich zu dir an.
Jesus, dein Nam' ist niemals leer,
ja, Jesus, ich lieb dich immer mehr,
ja, Jesus, mein Retter und mein Herr.

Licht und Dunkelheit. Kohlezeichnung von Hilde, 1963

Anfechtung

„Aber es war auch schwer. Wir haben viel geweint die ersten Jahre nach 2000. Aber wir machten weiter – es war ja unser Auftrag." Trotz Insolvenz und trotz des Weglaufens vieler Mitarbeiter gestalteten Hilde und Michael mit einem kleinen Stamm von Studienleitern weiterhin BTS-Kurse. Auf einem BTS-Grundkurs 2001 in Wuppertal fragte Hilde Kursteilnehmer nach dem Bruch der BTS: „Was sagt man denn über uns?" – „Finanzielle Misswirtschaft versteht man so, dass ihr Geld unterschlagen habt." Ein Mann, der nicht namentlich erwähnt werden möchte, sagte: „Wir werden mit Dieterichs erst in der Ewigkeit Frieden machen."

„Die ganzen Gremien, die uns für den Dienst gesegnet haben, haben uns den Rücken zugekehrt. Ein Gespräch zur Klärung wurde bis zur Stunde nicht gesucht. Ich hätte mich gern verantwortet. Gegenüber der Öffentlichkeit habe ich als Vorstand damals eben die Gesamtverantwortung für die Sache übernommen."

„In dieser schweren Zeit haben wir viel die Bibel studiert. Und dann haben wir immer wieder von Felix Mendelssohn Bartholdy[45] den vertonten Psalm 43 gehört:"

Richte mich, Gott, und führe meine Sache wider das unheilige Volk und errette mich von den falschen und bösen Leuten.

Denn du bist der Gott meine Stärke; warum verstößest du mich? Warum lässest du mich so traurig gehen, wenn mich mein Feind drängt?

Sende dein Licht und deine Wahrheit, dass sie mich leiten und bringen zu deinem heiligen Berg und zu deiner Wohnung,

---

45 Felix Mendelssohn Bartholdy, *1809, †1847, deutscher Komponist, Pianist und Organist, einer der bedeutendsten Musiker der Romantik.

116

dass ich hineingehe zum Altar Gottes, zu dem Gott, der meine Freude und Wonne ist, und dir, Gott, auf der Harfe danke, mein Gott.

Was betrübst du dich, meine Seele, und bist so unruhig in mir? Harre auf Gott! denn ich werde ihm noch danken, dass er meines Angesichts Hilfe und mein Gott ist.

„Das hat uns ganz stark geholfen."

Man hatte Michael im Vorfeld gesagt: „Mach' langsamer. Stell' bessere Ärzte ein." – „Aber wie hätte ich langsamer machen sollen? Und wie hätten wir bessere Ärzte einstellen sollen? Wir hatten ja keine besseren bekommen." – „„Du brauchst Supervision', haben sie gesagt." – „Wer soll mich in dieser Situation supervidieren?", gab Michael zurück. Das konnte niemand beantworten.

Hilde wandte sich an Michael: „Was du von Menschen, besonders von deinen Mitarbeitern, verlangst, ist immer eine saubere Argumentation – und keine emotionalen Reaktionen. In den Sitzungen warst du ungeduldig, wenn jemand ausschweifend wurde, dann hast du gesagt ‚Kommen wir zurück zur Sache.' War das vielleicht ein Anlass für Verletzungen bei verschiedenen Mitarbeitern?"

Nachdem man Michael mitgeteilt hatte, man plane eine „feindliche Übernahme" der BTS, hat er den Begriff „Biblisch Therapeutische Seelsorge" gesetzlich schützen lassen. Die Unterzeichner der Presseerklärung mussten sich für ihre Organisation – wenn sie weitermachen wollten – einen neuen Namen ausdenken.

Ein paar treue Studienleiter wie Florian Mehring sind bei der restlichen BTS geblieben: „Wenn euch alle verlassen – aber ich bleibe." – „Mit den wenigen Studienleitern, die uns geblieben sind, haben wir weiter gemacht – denn die Leute hatten ja schon ihre Kursgebühren bezahlt. Wir konnten doch nicht sagen: ‚Jetzt ist Schluss.'" Die BTS arbeitete nun ohne BTS-Klinik mit einem stark reduzierten Mitarbeiterstab weiter.

Abgesagte Termine ab dem 19. Juli
und ein leerer Terminkalender Michaels ab August 2000

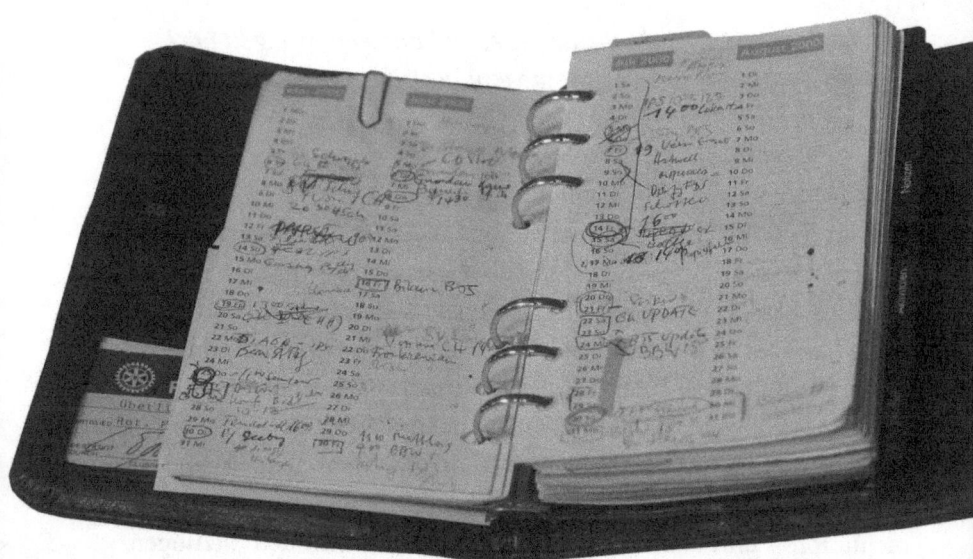

Michael wurde von einem Unterzeichner der Presseerklärung gesagt, er habe Menschen verletzt. Michael suchte über all die Jahre hinweg die Aussprache: „Ich wäre bereit, jeden Fehler zu bekennen, wenn ich Menschen verletzt habe. Bitte, sage mir, wer das ist, damit ich da hingehen und um Verzeihung bitten kann." Bis heute erhielt Michael, auch nach mehrmaliger Anfrage, wen er denn verletzt habe, keine Antwort.

„Wenn rauskommt, was da geschehen ist, dann werden Hilde und ich nicht unschuldig sein. Aber dann sollte Buße getan werden. Und zwar auch von der Kirche, den Gemeinschaftsverbänden und den anderen frommen Leuten. Buße und Reue tun vielleicht weh, aber ohne sie kann es in unseren Gemeinden nicht vorangehen. Wir stehen bereit dazu, denn Gott hat uns durch dieses tiefe Tal ganz herrlich durchgeführt. Ich habe nach der Insolvenz viel Zeit gehabt, viele Termine wurden mir nach dem 19. Juli 2000 abgesagt, neue

118

Termine mit Kirchen und Gemeinschaftsverbänden wurden nicht vereinbart. Mein Terminkalender blieb leer, Hilde und ich waren vollkommen isoliert, aber ich hatte auch die Zeit, meine Gedanken zusammenzufassen, habe Bücher geschrieben, das ‚ABPS-Buch‘ und ‚Wie sich Menschen ändern‘ – das war ganz wichtig. Und ich denke immer daran, dass auch eine Perle durch Leid reift.“

Michael wurde zu keiner Ludwig-Hofacker-Konferenz (heute Umbenennung in: Christustag) mehr eingeladen, um dort einen Vortrag zu halten. Auch Hilde, die auf vielen Frauenfrühstücken referiert hatte, wurde nicht mehr eingeladen.

Hilde gewann eine liebe Freundin, Maria Gorges – Hilde hat sie nie gesehen – sie rief jede Woche einmal an: „Wie geht es euch?“ – Hilde spürte: „Die hat uns durchgetragen. Bei der durften wir immer weinen.“ Maria Gorges ging zu Pfarrern, wollte Friedensgespräche einleiten und sagte: „Sie müssen den Professor Dieterich mal wieder einladen.“ – „Ach“, sagte ein Pfarrer, „der Dieterich ist doch so ein unguter Mensch.“ – „Ja, kennen Sie ihn denn?“, fragte Maria Gorges, und sie bekam zur Antwort: „Nein, aber das sagt man über ihn.“

Hilde und Michael wünschten sich, dass die christlichen Gemeinden erneuert und erweckt werden, so dass solch ein Rufmord nie wieder vorkomme: „Wir bleiben unter dem Kreuz, da sind wir sicher. Wir sind im Kampfe Tag und Nacht. Und die BTS ist ein lebendiges und daher ganz angefochtenes Werk. Das Geschehene ist ein Zeichen dafür, dass es ein klares Werk ist.“

Getreu ihres Trauspruches konnten die beiden Enttäuschungen und Verletzungen hinter sich lassen, die schlechte Kommunikation, Missverständnisse, aber auch Neid und Anfeindung mit sich bringen. Und die BTS nahm wieder Fahrt auf. Verantwortungsvolle Geschäftsführer, Reiner Dienlin, Dr. Rolf Hoffmann und Ben Vaske führten nunmehr das fast gekenterte Schiff weiter voran.

Die Welt hilft

Hilde und Michael fühlten sich von Gott durch die große Not nach der Insolvenz und dem Bruch der BTS getragen. Michael hat dann viel im Garten gearbeitet – er war ja arbeitslos –, saß auf dem Arbeitsamt und wurde vom Sachbearbeiter hereingerufen: „Sie sind Universitätsprofessor. Für Sie habe ich nichts. Machen Sie sich doch selbstständig." Michael bekam 5000 Mark Startgeld für den Beginn der Selbstständigkeit. Mit dem Startgeld gründete er das Institut für Praktische Psychologie, eine Unternehmensberatungsfirma.

Da kam der Direktor einer großen Papierfabrik aus Gernsbach und fragte: „Können Sie unser Unternehmen beraten?" Die gute Beratung sprach sich herum, es kam eine große Papierfabrik aus Oberkirch, der Weltmarktführer in Thermopapier, um sich Rat zu holen. Hilde erinnerte sich: „Da hat Michael dann jahrelang sein gutes Brot verdient." Und Michael fügte hinzu: „Wir haben von Gott alles bekommen, was wir brauchten. Wir konnten weiterhin ehrenamtlich im Reich Gottes arbeiten." Es gab auch viele von Christen geführte Firmen, die einen christlichen Berater haben wollten. Solchen Firmen half Michael in ihren Personalfragen. Neben dem HAMET hat er auch den Persönlichkeitsstrukturtest PST-R entwickelt, der bei Personalfragen und der Förderung von Menschen sehr hilfreich ist.

Bei der Beratung in der Nahrungsmittelfirma Kriegbaum wurde Michael erklärt: „In einem Unternehmen zählt nur der ‚point of sales'. Alles andere ist egal, aber an der Kasse muss es stimmen." Aufgrund solcher Aussagen wurde die Beratungstätigkeit für Michael nicht nur ein Geben, sondern auch ein Nehmen. „Ich kam von der Universität, daher wusste ich nicht, welche Summen für ein Honorar relevant sind. Da kamen die Auftraggeber auf mich zu und fragten mich: ‚Was wollen Sie denn für einen Tag haben?' Ich hatte ja keine Ahnung und fragte zurück: ‚Was zahlen Sie denn sonst so?' – ‚Ja, wären 5000 Mark pro Tag gut für Sie?'" In der Industrie bekommen Manager Jahresgehälter. Wenn man zwei Monate nach der Einstellung eines Managers bemerkt, dass man den falschen Kandidaten gewählt hat, dann wird – auch bei einer Kündigung – ein komplettes Jahresgehalt fällig. Fehlentscheidungen sind also sehr teuer und rechtfertigen den hohen Preis einer Beratung in der Entscheidung von Personalfragen.

Michaels Strategie in der Unternehmensberatung war immer, auch die Familien einzubeziehen: „Ein glücklicher Manager hat auch eine glückliche Familie. Und wenn es in der Familie gut geht, dann geht es auch in der Firma gut."

Nach der Insolvenz der BTS rief Herr Gutmann, einer der ehemaligen Geschäftsführer von Kriegbaum, Michael an: „Ich bin jetzt in Berlin gelandet und für die neue Firma, in der ich jetzt bin, plane ich ein ganz großes Event. Dazu hatte ich Günther Jauch[46] eingeladen – aber er hat absagen müssen. Und ich kenne Sie ja, Sie können das genauso gut. Kommen Sie mit Ihrer Frau, halten Sie einen Vortrag. Ich buche Ihnen ein First Class-Hotel." – „Nein, das brauche ich nicht", antwortete Michael, „für mich tut es auch ein Drei-Sterne-Hotel." Am Abend kamen dann Michael und seine Frau zu dem Event, eine Band spielte laut Musik und dann kam er mit seinem Vortrag an die Reihe. Er bildete aus dem Firmennamen ein Akronym und gab jedem Buchstaben des Akronyms eine neue, heitere Bedeutung in Bezug auf die Firma. Inhalt und Form des Vortrags kamen bei den Mitarbeitern sehr gut an. Daraufhin sagte Herr Gutmann nach dem Vortrag: „Herr Dieterich, wir haben noch gar nicht über Ihr Honorar gesprochen. Wären 10 000 richtig?" – „Und da haben wir natürlich ,Ja' gesagt."

---

46 Günther Jauch, *1956, deutscher Fernseh- und Hörfunkmoderator, Entertainer, Journalist und Produzent.

Die Berufung an die Lee University

An einem schönen Sommertag – Michael war gar nicht zu Hause – klingelten fünf junge Menschen an Dieterichs Tür. Hilde öffnete und ihr wurde die Frage gestellt: „Sind Sie Dieterichs?" Hilde bejahte, woraufhin gleich gefragt wurde, ob ihr Mann das Handbuch für Psychologie und Seelsorge geschrieben habe. Auch das bejahte sie. Da sagten die jungen Leute: „Nach diesem Buch arbeiten wir!"

Nachdem sie auf den Kniebis gezogen waren, wurde ihnen von der Stadt ein Bauplan vorgelegt, und es wurde gefragt, ob oberhalb ihres Hauses eine Kirche entstehen dürfe. Da haben Hilde und Michael geantwortet: „Gegen Kirchen haben wir nichts." – Sie wurden zur Einweihung der Kirche am Europäisch Theologischen Seminar eingeladen und so kam ein erster Kontakt zum Seminar zustande. Und dann kamen die jungen Leute und sagten „Wir arbeiten nach dem Buch. Kann Ihr Mann nicht bei uns Lehrer werden?"

Das war im Jahr 2002. Michael sagte zu und lehrte montagnachmittags zwei Stunden Psychologie. Das hat er viele Jahre lang immer ehrenamtlich und unentgeltlich getan. Dadurch kamen sie zu den Gottesdiensten. Er wurde auf die Jahreskonferenz der Gemeinde Gottes als Sprecher eingeladen. Auf der Konferenz schaute Erich Schneider, der damalige Präses, Michael an und stellte dann fest: „Lange haben wir um dich gebetet. Lange haben wir darum gebetet, dass so jemand kommt wie du."

Ab 2007 erhielt Michael einen Ruf an die Lee University, eine große Universität in Cleveland in den USA mit einer Außenstelle am Europäisch Theologischen Seminar in Freudenstadt/Kniebis. Hier gestaltete er einen Masterstudiengang in Psychologie der Beratung. Hilde zählte zu seinen ersten Studenten.

Weit über hundert Studierende konnten im Laufe der Jahre graduiert werden. Viele arbeiten heute als Psychologen, auch in staatlichen

Beratungsstellen. Einige haben mit Promotionsarbeiten begonnen. Aber das Schönste war die Kontinuität, die damals in Chrischona mit Präses Kurt Heimbucher begann und über Friedensau und Bierbronnen zur Lee University führte. Es verlief ein wenig anders, als gedacht. Aber es war möglich geworden, den BTS-Ansatz einer „Allgemeinen Beratung Psychotherapie und Seelsorge", ABPS, nicht nur in den Kursen zum Lebens- und Sozialberater zu erlernen, sondern auch mit einem akademischen und staatlich anerkannten Abschluss zu krönen. Die heutige BTS-Ausbildung lebt von dieser Möglichkeit und kann ihre Studienleiter aus der großen Zahl von Mastern in Beratungspsychologie rekrutieren. Michael tätigte alle diese Lehrdienste ehrenamtlich.

Hildes Graduierung

Ein langer Sommer

Im Sommer 2009 schloss sich mit der Abgabe der Masterarbeit für Hilde ein Kreis, der Glaube, Musik und Seelsorge miteinander verband. Sie entdeckte bei den Recherchen zur Masterarbeit erneut die Kraft, die im Singen von Liedern verborgen liegt. Beglückt stellte sie fest: „Was hat uns Gott doch mit der Musik für ein Geschenk gemacht." Hilde wählte zum Thema ihrer Arbeit „Das geistliche Lied" und konnte die Wirkung in der Seelsorge belegen. Auch eine empirische Befragung führte sie durch: „Welche zehn geistlichen Lieder würden Sie gerne ihren Kindern und Enkelkindern als Erbe weitergeben?" Die Fragebögen wurden in unterschiedlichen christlichen Denominationen in Deutschland und der deutschsprachigen Schweiz verteilt. Die Resonanz war hoch, innerhalb eines Monats gab es einen Rücklauf von mehr als sechshundert ausgefüllten Fragebögen. Es zeigte sich eine interessante Mischung von Lieblingsliedern, zudem gab es viele begeisterte Kommentare. Die wissenschaftliche Masterarbeit wurde in einem Fachverlag publiziert, und die ausgewählten Lieder wurden in dem Buch *Heritage* gesammelt. In vielen Familien wird täglich daraus gesungen.

Da Musik und Instrumente schon im Elternhaus der Schweikerts eine große Rolle spielten und auch bei Michaels Eltern gesungen wurde, beschäftigte ihn immer wieder die Frage, wie er Hilde auf ihrem musikalischen Weg unterstützen könnte. Eines Tages, kurz vor der Schwangerschaft mit Rebekka, hörte er von einem interessanten Angebot der Musikhochschule Trossingen. Das Ehepaar Steiner hatte ein Curriculum zur Musikalischen Früherziehung entwickelt und gleichzeitig die Möglichkeit geschaffen, Lehrkräfte hierfür auszubilden. Hilde konnte am ersten Studiengang, der in Verbindung mit der Musikhochschule in Trossingen gestaltet wurde, teilnehmen, weil sie die Voraussetzungen nach ihrer Ausbildung in Gesang und Violine erfüllte. Auch ihre Kenntnisse am

Klavier, dem Akkordeon und der Gitarre kamen ihr für dieses Studium zugute.

Als begeisterte Lehrerin durfte sich Hilde den Kindern widmen. Es war zwar auch sehr anstrengend, zwölf Kinder mit Orffinstrumenten und dem damit verbundenen Lärmpegel drei Stunden lang zu erleben, doch es machte ihr viel Freude, zur Entwicklung der Kinder beizutragen. Eine besonders schöne Unterrichtseinheit war mit dem Thema *Wasser* verbunden. Hilde ahmte mit den Kindern musikalisch eine sprudelnde Quelle und Wassertropfen, die auf einen Regenschirm prasseln oder in ein hohles Fass fallen, nach. Schließlich durften die Kinder zu Bedřich Smetanas[47] *Moldau* das Wasser malen. Alle Kinder waren von der künstlerischen Tätigkeit so hingerissen, dass sie nur noch Musik hören und malen, nicht aber nach Hause gehen wollten.

Hilde beim Musizieren

---

47 Bedřich Smetana, *1824, †1884, böhmischer Komponist der Romantik.

Auch an einer langen, schmutzigen Mauer zum Haus auf Mallorca verwirklichte Hilde ihre künstlerischen Ideen. „Wie können wir diese Wand schöner machen?", fragte sie ihren Mann, und Michael antwortete spontan: „Mach doch Bilder drauf – vielleicht die Schöpfungsgeschichte." Sie erschrak über solch eine Herausforderung: „Wenn ich das tatsächlich wage – mit welchen Mitteln soll ich dann arbeiten?" Weil die Mauer der Witterung ausgesetzt ist, musste das Kunstwerk dauerhaft gestaltet werden. So entschloss sie sich für eine Mosaikarbeit mit Fliesen, sie teilte die Mauer für acht Bilder ein, die jeweils nach dem Goldenen Schnitt bemessen sind. Es war ihr klar, dass sie nach sieben Schöpfungstagen auch einen achten und letzten Tag darstellen wollte – einen Tag, an dem die Zukunft aller Menschen neu beginnt. Ihr Mann klebte umgehend weiße Riemchen als Rahmen auf die Mauer, um zu zeigen, dass hier etwas gestaltet werden sollte. Der Start für die Arbeiten war gegeben. Zunächst wurden verkleinerte Entwürfe auf Papier angelegt, und schnell kam die Frage auf, woher Hilde die Fliesen für diesen Schöpfungszyklus beziehen soll. Die Frage verfolgte sie bis in einen Traum, in dem sie zehn blaue Eimer, gefüllt mit farblich sortierten Fliesen erkannte. Zusammen mit ihrem Mann machte sie sich auf den Müllhalden Mallorcas auf die Suche. Leider wurden sie nicht fündig, bei aller Suche verfuhren sie sich sogar. Und plötzlich lag an einer staubigen Straße eine noch staubigere Baufirma. Dort fragten sie nach Fliesen. Der erstaunte Inhaber der Firma deutete auf ein Lager, in dem noch alte Fliesen aufbewahrt wurden. Die Suche überließ der Mann Hilde und Michael – und tatsächlich fanden sie meterhoch gestapelte, staubige Fliesenpakete mit Keramiken in allen Farbschattierungen. Mutig füllten beide den Kofferraum bis an den Rand und fragten dann etwas ängstlich nach dem Preis. „Fünf Euro", war die Forderung. Sie konnten es kaum fassen. Beglückt fuhren sie mit reicher Beute zurück zur Finka. Hilde füllte zehn Eimer mit farbig sortierten Fliesen. Die praktische Arbeit an der Mauer konnte beginnen.

Während der zwei Jahre, in denen sie die Mauer gestaltete, gab es viele unterschiedliche Kommentare von den Zuschauern. Die häufigste Frage zielte darauf ab, warum acht Tage dargestellt wurden. Viele Menschen kannten zwar die Schöpfungsgeschichte mit sieben Tagen – nicht aber die Apokalypse.

Ein Schöpfungszyklus auf Mallorca

Der sechste Tag im Schöpfungszyklus, im Zentrum: das erste Menschenpaar

Am Tag der Vernissage kamen erstaunlich viele Menschen – das Kunstprojekt fand eine große Aufmerksamkeit. Einige Besucher hatten Tränen in den Augen, als sie zum achten Tag aus dem einundzwanzigsten Kapitel der Offenbarung dieses Wort hörten:

Kein Leid und keine Tränen mehr und Gottes Hütte wird bei den Menschen sein.

Steht man vor dem Schöpfungszyklus auf Mallorca, so kommt einem der Gedanke, dass der Sommer voller Kunst wohl nie ende.

Rotary

Michael kam zu Rotary durch seinen Steuerberater, der ihn anfragte, Mitglied zu werden: „Rotary ist eine vollkommen gemeinnützige Sache. Ich will es deutlich machen: In der Cluborordnung findet man nicht das Wort *Jesus*, aber im Helfen ist Rotary ganz groß, ist nächstenliebend und höflich. Auch bei Rotary sind Christen dabei." Michael war sich nicht sicher, ob er dem Ruf folgen sollte, auch deshalb, weil er gehört hatte, dass diese Vereinigung in manchen evangelikalen Kreisen einen schlechten Ruf habe. Deshalb machte er sich kundig und bat den bekannten Pastoralpsychologen und Seelsorger Prof. Manfred Seitz[48] um Rat. Seitz ist auch Rotarier und riet Michael, den Ruf anzunehmen, um dort „Licht und Salz" zu sein.

Rotary ist ein gemeinnütziger Club, in dem aus jedem Beruf ein Fachmann – und nur einer, damit es keinen Streit gibt – teilnehmen darf: „Die Mitglieder sind sehr höflich und gebildet, da sie untereinander fachliche Vorträge halten und aus höheren beruflichen Positionen kommen." Michael hielt vor Kurzem einen Vortrag über die Psychologie des Älterwerdens: Wenn ein Leben lange währt, dann sind es 70 Jahre oder 80 Jahre. Damit hat Michael seine rotarischen Freunde sehr zum Nachdenken gebracht. Die meisten sind älter und sie sind nicht gegen den Glauben. Da sind sogar ein katholischer und ein evangelischer Pfarrer dabei.

Michael erhielt von der Lee University eine Urkunde, dass er ein Leben lang dort Professor bleiben dürfe – Sekretariat und Büro inklusive. Das ist eine Ehre, die ihm für seine Verdienste um das Menschenbild der Allgemeinen Beratung Psychotherapie und Seelsorge ABPS von der Lee University zuteilwurde. Wenn Michael bei den Rotariern einen Vortrag über das ABPS-Modell hält, dann zeigt er,

---

48 Manfred Seitz, *1928, deutscher evangelischer Theologe und Hochschullehrer.

dass über die drei Welten nach Karl Popper[49] hinaus auch eine vierte Welt – die Welt des Glaubens – existiert, und dabei erfahren Menschen, dass Wissenschaft und Glaube zwei ganz unterschiedliche Ebenen sind. Das ist ein Zeugnis, zu dem er in dieser Form und vor solch einem Forum sonst nirgendwo eine Möglichkeit hätte: „Für unsere – und ich sage unsere – evangelikale Bewegung habe ich mir auch immer gewünscht, dass es so was geben würde. Dass man auch mal in einem Forum einen Gedankenaustausch zu einem bestimmten Thema hat."

---

49 Karl Popper, *1902, †1994, österreichisch-britischer Philosoph, begründete den kritischen Rationalismus.

Der Persönlichkeitsstrukturtest

Der Erstleser von Michaels Dissertation war Professor Karlheinz Sommer, er war ein Pädagoge. Zweitleser der Dissertation war Professor Wolf-Dieter Oswald, ein Psychologe. Oswald hatte bei Gustav Lienert[50] gelernt und habilitiert. Er war ein ausgewiesener Fachmann für Testverfahren in der Psychologie. Über Testtheorie konnte Michael sehr viel von Oswald lernen, er erkannte, was ein Test können und bringen muss. Die jungen Assistenten saßen mit Oswald zusammen und diskutierten. Es war ein dynamisches Miteinander. Oswald hat später Michaels Doktorarbeit korrigiert und reichlich angestrichen: „Das war notwendig, denn ich musste ja jemanden haben, der mich korrigiert. Ich hatte viele Ideen, aber ich musste jemanden haben, der mich führt und der streng ist." Oswald hat im Rahmen des Korreferats den HAMET überprüft, der international anerkannt wurde, weil er die Berufsreife feststellen kann und allen Testgütekriterien entspricht.

Auch viele andere Tests lernte Michael bei Oswald kennen: Persönlichkeitstests und Leistungstests. Später kam Oswald in die Gerontopsychologie und wurde ein wichtiger Experte in der Altersforschung. Oswald hat in einer Studie zeigen können, dass Vitamine und Extrakte wie Ginko im Alter ohne Effekt sind; eine Pharmafirma hatte ihn mit einer Studie betraut, die unveröffentlicht in einer Schublade der Industrie verschwunden ist, weil Oswalds Ergebnisse nicht den Erwartungen des Konzerns entsprachen. Oswald konnte jedoch nachweisen, dass ein Zusammenhang zwischen der geistigen Vitalität und der Anzahl an Büchern in einem Haushalt besteht. Michael wurde durch Oswald – infolge interessanter Untersuchungen wie dieser – inspiriert.

---

50   Gustav Lienert, *1920, †2001, deutsch-österreichischer Psychologe, Autor des Werkes Testaufbau und Testanalyse.

In der BTS wurde Michael deutlich, dass der Grad einer Störung und ihre Bewältigung stark von der Persönlichkeitsstruktur eines Menschen abhängen: „Ich habe gemerkt, wenn ich eine Hilfestellung gebe, dann funktioniert das bei dem einen – beim anderen funktioniert es nicht. Wie kann das sein, wenn identische äußere Umstände vorliegen? Da kam mir der Gedanke, dass der Erfolg möglicherweise stark persönlichkeitsbedingt ist." Daraufhin sichtete er – noch vor der Berufung an die Universität Hamburg – die bestehenden Persönlichkeitstests, unter anderen den 16PF und den Eysenck[51]-Test: „Weil ich etwas Geld verdienen musste, war ich in einem Betrieb für Unternehmensberatung in der Schweiz tätig. Die Firma in Zürich hat viele Pharmaunternehmen beraten und hat Menschen für Aufgaben gesucht." In diesem Zusammenhang erhielt er den Auftrag, Bewerber zu testen und zu evaluieren, ob diese Menschen für einen Beruf geeignet sind. Michael nutzte die bestehenden Testverfahren, führte mit ein und derselben Person jeweils mehrere Tests durch – bis ihm auffiel, dass es Fälle gab, in denen sich Menschen in dem einen Test introvertiert, in dem anderen Test extravertiert beschrieben. Er stellte sich die Frage, wie das möglich sein könne, wenn doch beide Tests die Gütekriterien erfüllten. Also fing er an, sich über diese unterschiedlichen Testergebnisse Gedanken zu machen: „So habe ich mir überlegt, du musst ein Interview mit diesen Leuten führen. Über viele Wochen hinweg gingen mir die Interviews durch den Kopf, und einmal kam mir auf meiner wöchentlichen Fahrt nach Zürich der Gedanke, ob der Mensch bezüglich seiner Persönlichkeit in einem Schichtenmodell aufgebaut sei. Bis dahin konnte ich an keinem Test erkennen, ob sich die bestehende Persönlichkeitsstruktur ändern kann oder nicht. Aber getreu meinem Versprechen an der Pädagogischen Hochschule in Reutlingen, ich werde nie einen Test entwickeln, an dem man nicht auch erkennen kann, ob Änderungen möglich sind, waren meine

---

51 Hans Jürgen Eysenck, *1916, †1997, deutschstämmiger britischer Psychologe, der zu menschlicher Intelligenz und Persönlichkeit forschte.

Gedanken darauf gerichtet, ob es vielleicht unterschiedliche Stadien im Menschenleben gibt, ob es möglicherweise verschiedene Dimensionen in einem Menschen gibt, an denen man zum Teil mehr, zum Teil weniger ändern kann. So stellte ich die These auf, dass es Tests gibt, die mehr das Veränderbare messen, und dass es andere Tests gibt, die mehr das Unveränderbare messen – obwohl das kein Testautor jemals in seinem Testhandbuch beschrieben hatte."

Vor dem Hintergrund dieser These führte Michael Lebensstilanalysen mit jenen Menschen durch, bei denen sich unterschiedliche Persönlichkeitswerte zwischen den einzelnen Testverfahren fanden. Das waren lange Interviews mit vielen Personen. Dabei kam heraus, dass der Eysenck-Test mehr etwas misst, was früher war und viel tiefer gegründet ist, und dass der 16PF mehr die Dinge misst, die man erst in jüngster Zeit erlernt hat. Diese These ließ sich in vielen Einzelgesprächen validieren. Ein Klient fragte ihn in Zürich: „Woran kann ich an mir schaffe'?" Das gefiel Michael, weil er gerne förderdiagnostisch arbeiten wollte. Im Laufe der Validierungsphase fand er heraus, was die einzelnen Tests an der Persönlichkeit messen. Er fand in den Testverfahren zwei Schichten: „Und ich dachte mir, wenn es zwei Schichten gibt, dann gibt es vielleicht auch drei."

Anfang der 1990er Jahre sprach Michael vom Modell der Zwiebel mit mehreren Schalen, die einander überlagern. Auf einem Spaziergang sah er dann, wie Bäume gefällt wurden. Er sah die Jahresringe in den Bäumen und erkannte darin ein passendes Modell für zeitlich unterschiedlich lang erlernte Persönlichkeitsschichten. Tatsächlich entdeckte er auch noch eine dritte Persönlichkeitsschicht, heute bekannt als Tiefenstruktur. Er dachte sich, wenn die Tiefenpsychologie in die Tiefe der Kindheit zurückgeht, dann müsste es doch auch eine Tiefe in der Persönlichkeit geben: „Und da hat Fritz Riemann[52] mit seinen Grundformen der Angst Pate gestanden. Ich habe dann auch Alfred Adler untersucht, was er in der Tiefe der Kindheit beschreibt,

---

52 Fritz Riemann, *1902, †1979, deutscher Psychologe, Psychotherapeut, Psychoanalytiker, Astrologe und Autor.

und habe entdeckt, dass da ganz ähnliche Angaben vorliegen. Ich habe mich an Riemann dann allerdings nicht halten können, der war Jungianer; bei dem war mir zu viel mit den Sternen und den Konjunktionen von Gestirnen am Himmel verbunden – da gab es so richtig atheistisches Gedankengut. Aber das Konzept mit der Angst vor Nähe, der Angst vor Alleinsein, der Angst vor Veränderung und der Angst vor Verlust war ein erster Schritt. Die Ausformulierungen waren bei Riemann allerdings ganz negativ. Wir haben dann um positive Formulierungen gerungen: Sachlichkeit, Warmherzigkeit, Korrektheit und Unkonventionalität. Ich habe die Formulierungen in ein Koordinatensystem gespannt und eine Gaußsche[53] Kurve für die Verteilung in der Bevölkerung vermutet."

Michael formulierte eigene Fragen zur Testung der Tiefenstruktur. Die Eichung und Normierung des neuen Tests an der Tiefenstruktur finanzierte die Züricher Firma für Unternehmensberatung. Inzwischen war Michael Professor in Hamburg, und es gelang ihm, den Tiefenstrukturtest in allen deutschsprachigen Ländern zu normieren. Bei der Untersuchung zeigte sich übrigens, dass es in der Tiefenstruktur keinen Geschlechtsunterschied gibt.

1994 war der Persönlichkeitsstrukturtest PST fertig und brachte viel Segen in der Unternehmensberatung und in der BTS. Michael verfasste auch ein Testhandbuch zum PST. Die Testlizenz durfte nur erhalten, wer ganz genau die Testtheorie kennt: „Wenn man mit Menschen umgeht und eine Aussage über sie trifft, dann muss man sich sehr bemühen, nur das zu sagen, was man belegen kann. Der Mensch ist das Ebenbild Gottes. Ich darf nicht voreilig etwas über ihn sagen. Wenn eine Respektsperson etwas zur Persönlichkeit formuliert, dann wird das ernster genommen, als wenn das ein beliebiger Laie tut. Deshalb möchte ich nicht, dass Laien mit diesem Testinstrument umgehen. Und daher gibt es auch spezielle Lizenzkurse und Updates, um mit diesem Instrument arbeiten zu dürfen."

---

53 Carl Friedrich Gauß, *1777, †1855, deutscher Mathematiker, Astronom, Geodät und Physiker.

Später kam noch das „R" dazu – es entstand der PST-R: „Ich habe mir gedacht, da müsste es doch noch etwas geben, womit ich die Motivation testen kann. Wir haben immer wieder gemerkt, dass es Menschen gibt, die sich von der Erfüllung einer Aufgabe abgehalten fühlen. In der Schweiz wurde die Frage gestellt: ‚Was tun wir, wenn die Klienten, die zu uns kommen, nicht wollen?' Da haben wir Martin Seligmann und das Konzept der erlernten Hilflosigkeit behandelt. Mir kam der Gedanke, dass man doch testen müsste, ob jemand aktiv oder hilflos ist. Daraufhin habe ich die Kontrollüberzeugungen in den Test eingeführt, und der revidierte PST erhielt ein ‚R' und wurde zum PST-R."

Michael stellte bei einer Untersuchung fest, dass viele Erzieherinnen und auch Krankenschwestern, Grund- und Hauptschullehrer – statistisch gesehen – ein typisches Profil zeigen. Weiterhin wurden Profile für Störungen der Persönlichkeit beschrieben und die Ergebnisse werden heute in einer eigenen Software versprachlicht: „Schöner als jede Verschriftlichung ist natürlich das persönliche Gespräch, deshalb ist jeder Persönlichkeitsstrukturtest PST-R in einen Beratungskontext einzubetten."

Werkstatt Kirche

Neben seiner Seelsorgetätigkeit wandten sich im Lauf der Jahre auch immer mehr Pastoren verschiedenster Denominationen an Michael, weil sie Hilfe suchten oder Förderung brauchten. Manchmal bestanden auch Konflikte, die sie nicht mit ihrem Dienstherrn besprechen wollten; Michael wurde so für viele Pastoren zu einer unabhängigen Vertrauensperson. Dabei zeigte sich, dass über die Förderung von Einzelpersonen hinaus auch das Team der Mitarbeiter einer Kirche in einem Gruppenprozess gefördert werden kann. Ein systemischer Ansatz wurde erforderlich. Kirche wurde mehr und mehr als eine Werkstatt verstanden, in der Menschen für einen Dienst mit Jesus zubereitet werden.

Seinen Namen erhielt das Werkstatt Kirche-Projekt im Sommer 2011 während eines Seminars an der Lee University in ihrer Außenstelle in Freudenstadt. Michael erklärte:

„Die Arbeit in der Kirche der Zukunft ist ganz stark abhängig von der Gesellschaft, in der wir leben. Ich glaube, die Zukunft der Kirche wird sich daran messen lassen, wie sich unsere Gesellschaft entwickelt. Kirche ist immer auch ein Stück Antwort auf das, was um uns herum passiert. Das Wort Gottes bleibt – aber die Gesellschaft ändert sich. Deshalb müssen wir uns auf gesellschaftliche Veränderungen einstellen. Unbedingt. Die Rezepte zur Kirchenentwicklung sind meist von vorgestern oder sie stammen aus einem anderen Kulturkreis. Deshalb haben wir im Sommer 2011 im Rahmen der Lee University ein Seminar veranstaltet, in dem wir uns dazu Gedanken machten, ob man so einfach angelsächsische oder amerikanische Verhältnisse auf Deutschland übertragen kann. Bei uns steht nicht über dem Euro: ‚In God we trust.' Die Amerikaner haben eine vollkommen andere Mentalität – das weiß man nur, wenn man öfters in Amerika ist. Meiner Ansicht nach kann man die amerikanischen Konzepte zu Gemeindewachstum gar nicht so einfach auf die deutschen Verhältnisse übertragen. Vielleicht haben die Amerikaner irgendwann einmal auch unsere Verhältnisse. Deshalb sind wir etwas futuristisch, wenn wir denen mit *Church in Progress* auch etwas schicken."

Im Werkstatt Kirche-Projekt arbeiten Menschen unterschiedlicher Denominationen. Baptisten, Pfingstgemeinden, Adventisten und Landeskirchen haben ähnliche Probleme: „Kirche ist eine Ansammlung von Menschen, in denen der Geist Gottes regiert. Manchmal wurde der Geist Gottes so weit überzogen, dass man meinte, man müsse die Menschen nicht mehr erkennen, und man glaubte, alles würde allein mit *ora* – bete! – funktionieren. Dann haben wir gesagt: ‚Nein, wir müssen auch das Unsere tun – das *labora* – arbeite!.' Das *labora* ist für uns, dass sich in der Kirche Mitarbeiter mit unterschiedlicher Persönlichkeitsstruktur finden – und das kann der PST-R differenzieren.

Nehmt einander an, wie Christus euch angenommen hat, zu Gottes Lob.

Römer 15,7

Das oberste Gebot heißt, liebet einander. Aber ich muss wissen, was ich liebe. Und man muss sich auch selbst gut kennen, damit man sich auf die Hauptaufgabe konzentrieren kann:

Gehet hin in alle Welt und predigt das Evangelium aller Kreatur.

Markus 16,15

Das geht nur, wenn wir uns gegenseitig annehmen und es nicht so viele Streitigkeiten gibt: Wer bekommt den ersten Platz? Wer bekommt mehr Geld?

Wenn Martin Buber[54] von der Akzeptanz der Andersartigkeit spricht, muss man wissen, was ist anders – was ist das, was ich ak-

---

54 Martin Buber, *1878, †1965, österreichisch-israelischer jüdischer Religionsphilosoph.

zeptiere? Da muss man zuerst einmal prüfen, nach welchem Raster man die Menschen anschaut. Ich weiß, das ist neu, aber wenn wir dieses Konzept in den Gemeinden vorstellen dürfen – ganz bewusst stehen als Autoren auch Personen aus ganz unterschiedlichen Denominationen bereit – dann können wir zeigen, das alles ist kein Problem der Baptisten allein, es ist auch ein Problem der Pfingstler, der Adventisten und der Landeskirchen. Andere zu lieben und zu akzeptieren ist ein Problem aller Kirchen.

Wir haben in dem Seminar im Sommer 2011 gerungen, haben verschiedene Instrumente verwendet – sind damit auch noch nicht fertig – und erleben nun, wie Seelsorge vom Individuum in das System Kirche hineingetragen wird. Das ist unsere Grundaufgabe. Das Seelsorgen ist bei unserem Programm nur auf das System übergegangen, wobei das Individuum immer noch bleibt. Das bedeutet, wenn man einen Kurs zur Verbesserung der Gemeindestruktur – also Werkstatt Kirche – gestaltet, dann wird man schnell merken, dass es da immer auch Menschen gibt, denen man auch einzeln helfen sollte.

Die ursprüngliche Frage bei einer Gemeindeberatung, wer sollte welche Aufgabe übernehmen, wird dadurch, dass man die Gaben des einzelnen Mitarbeiters erfassen kann, leicht gemacht, wenn man die Andersartigkeit der anderen Mitarbeiter entdeckt, und wenn man sich keinen Vorwurf mehr macht, dann gibt es eine Ergänzung, dann gibt es Synergien. Wenn man das weiß, dann können wir nicht nur die Reformation nach Amerika bringen, sondern auch neue Ideen zum Gemeindebau. Wir müssen ganz neu das Individuum sehen – und nicht die Megakirchen. Mich fasziniert, dass der PST-R nicht nur im Einzelgespräch hilfreich ist, sondern auch im Nächstgrößeren, nämlich der Ehe, als auch in der Familienberatung, und dass der PST-R bis hin zur Gemeindeberatung ein gutes Instrument ist."

Gesellschaftliche Verantwortung

„Womit wir der Kirche und auch der Gesellschaft dienen können, ist ein abgerundetes, einfaches Konzept, das auf der Individualität der Persönlichkeit beruht. Jeder Mensch ist anders. Deshalb müssen wir ihn diagnostizieren und für jeden ein eigenständiges Programm entwickeln, das darauf beruht, dass es nur drei Möglichkeiten der Änderung gibt, nämlich somatisch, psychisch und durch das direkte Eingreifen Gottes im Sinne eines Wunders. Das ist schon alles. Das muss man dann nur noch individuell verzahnen."

Mit diesem Konzept diente Michael auch in gesellschaftlich relevanten Projekten. So übernahm er im Jahr 2007 über zwei Jahre hinweg die wissenschaftliche Leitung eines Non-Governmental-Organization-Projekts, in dem es um den Frieden in Serbien, Montenegro, Bosnien und Kroatien ging. Dieses Projekt wurde von der Bundesrepublik Deutschland finanziert. Hier stellte er sein Konzept der Allgemeinen Beratung Psychotherapie und Seelsorge ABPS vor und testete mit dem Persönlichkeitsstrukturtest PST-R in Schulen die Lehrerinnen und Lehrer. Dazu wurde der PST-R ins Serbische und Kroatische übersetzt. Seine These war: „Die Menschen unterscheiden sich mehr durch ihre Persönlichkeitsstruktur als durch ihre ethnische Herkunft." Diese These wurde durch zwei von Michael vergebene Masterarbeiten dann auch wissenschaftlich gestützt. Nachdem die Lehrer unterschiedlicher Religionen dieses Konzept verstanden und danach mit den Schülern gearbeitet hatten, zeigten sich große Erfolge. Die Kinder verstanden, dass es nicht der „Serbe" oder der „Kroate" war, sondern die unterschiedlichen Persönlichkeitsstrukturen, die zu Gewalt und Kriegen, aber auch zum Frieden führen konnten.

In einem anderen Projekt wollte das Bundeskriminalamt eine Seelsorgeausbildung für seine Polizisten verwirklichen. Hier fand sich eine Vielzahl von Angeboten. Das Bundeskriminalamt schaute sich auf dem Markt um, prüfte einige andere Angebote und entschied sich für die BTS. „Wir haben für das Bundeskriminalamt eine Ausbildung. Da sind das Ehepaar Hoffmann, Florian Mehring und weitere BTS-Studienleiter beteiligt. Das Programm läuft seit drei Jahren." Das Curriculum für das Bundeskriminalamt hat Michael erstellt. Für die Polizisten wurde ein eigener Grundkurs entwickelt.

„Wir sind auch im ACC, im Dachverband der christlichen Seelsorgebewegung, und auch dort hat man verstanden, dass wir ein Metakonzept anbieten können, das möglicherweise für alle Ausbildungen gültig sein kann."

Bei Rotary wurde darüber gesprochen, wie man den Asylbewerbern helfen könne. Da warf Michael ein, dass er sich vorstellen könne, dass es viele Laien gibt, die gern Asylbewerbern helfen möchten. Denn die Psychologen sind überlastet. Für solche Laien war Michael bereit, einen Grundkurs anzubieten. Ausrichter des Kurses sollte das Landratsamt Offenburg sein. Dieses ging auf den Vorschlag ein und schrieb den Grundkurs öffentlich für vier Samstage aus. Der Rotary-Club in der Ortenau versorgte die Kursteilnehmer mit Essen und Trinken, Michael hielt ehrenamtlich den Kurs, am Ende erhielten alle Kursteilnehmer ein Zertifikat vom Landratsamt Offenburg. In den Kursen waren auch Muslime. Bei diesem Kurs konnte Michael nicht mit frommen Worten drauflos reden. Er begann stattdessen damit, dass jede Therapieform einer Anthropologie bedarf – und er habe auch eine: die ABPS. Michael ging von einem ganzheitlichen Seelenverständnis aus, das sich schon in einem der ältesten Bücher findet, nämlich der Bibel. Da war niemand der Kursteilnehmer dagegen: „Wir müssen gar nicht so viel Angst haben." Die Leute akzeptierten das. Michael stellte den Begriff *nefesh* vor. Das Wort findet sich in der Bibel und beschreibt den Menschen als lebendige, bedürftige Seele. Ganz hinten im Kurs saß ein Kurde, der sagte: „Das Wort kenne ich auch. Das Wort heißt auch *nefesh* bei uns." Michael lehrte im Kurs, dass man bei Asylbewerbern auch den Glaubenshintergrund berücksichtigen muss. Jetzt wird den Kursteilnehmern aus dem weltlichen Bereich Michaels Modell mit der Spiritualität gelehrt. So kann man die Botschaft weiterbringen. Bei dem Hinweis, dass man auch beten kann, hat Michael kein einziges Mal Contra im Kurs erhalten. So ähnlich läuft der Kurs auch für das Bundeskriminalamt ab.

Eine weitere gesellschaftliche Herausforderung könnten die vielen Gerontokliniken sein. Dort gibt es viele ältere Menschen, die gern einmal reden würden. Hilde und Michael stellten fest: „Wir könnten Laienberater für ältere Menschen in den Kliniken ausbilden, damit die Ärzte und Psychologen entlastet werden. Es ist wichtig, dass wir einfach mal einen weiteren Schritt in die Welt machen. Wer rastet, der rostet. Wir können doch nicht nur bei dem bleiben, was bisher war. Das Leben geht doch weiter."

Die Kinder

Michael war 25 Jahre alt, als er Vater wurde. Das war für ihn etwas vollkommen Neues. Schon eine Frau zu haben, war etwas ganz Neues für ihn – er war als junger Mann immer nur in einem männlichen Jugendkreis gewesen. Als er Eva-Maria auf den Arm nahm, trug er sie noch recht ungeschickt mit ganz steifen Armen – wie einen Fremdkörper: „Ich habe sie gemocht, aber ich konnte mit der Situation psychisch nichts anfangen. Ich war scheu und ängstlich. Ich habe dann natürlich gelernt, sie zu wickeln. Ich habe mir gar keine Gedanken gemacht, unsere Tochter war einfach da, und dann haben wir sie genommen und erzogen. Wir hatten ja in einer Wohnung gewohnt, die ein Zimmer hatte, das früher ein Schaufenster war. Wir haben den Plan für eine Wiege gemacht, haben alles schön ausgesägt. Auf die Wiege kamen der Name *Eva-Maria* und das Geburtsdatum. Ich kann mich daran erinnern, wie sie als Baby aufstand und die Wiege selbst in Bewegung setzte."

Hilde und Michael hatten nicht sehr viel Zeit für Eva-Maria, weil knapp danach – 16 Monate später – schon Jörg zur Welt kam. Hilde hatte den Laden, Michael studierte. Michaels Mutter nahm die Kinder immer wieder, aber auch die anderen drei Elternteile haben den Lebensstil des jungen Paares akzeptiert und unterstützt. Hildes Mutter mahnte immer wieder: „Kinder, denkt auch mal an euch."

Michael erzählte: „Als wir das kleine Häuschen auf Mallorca einrichteten, wohnte Werner Baur zusammen mit seiner Frau in unserem Haus in Stetten und hütete unsere Kinder. Auch die Eltern und Großeltern von Werner Baur und Hildes Eltern waren sehr gut befreundet. Deshalb sind wir heute auch traurig, dass sich das Miteinander ganz anders entwickelt hat."

Michael erinnert sich an nichts Außerordentliches im Zusammenhang mit seinen Kindern, außer, dass er und Hilde sie lieb gehabt haben. Als Eltern waren sie sehr konsequent. Er studierte

Psychologie und Pädagogik. Durch sein Wissen war es ihm wichtig, dass Kontingenz in der Erziehung gegeben ist. Als Eltern haben sie beide dasselbe gesagt – das haben sich die Eheleute versprochen. Und sie waren liebevoll zu ihren Kindern. Michael ergänzte: „Das Schlimmste, was mir jemals mit meinen Kindern passiert ist, war, dass wir zum Mittagessen ausgegangen waren und an einer schönen, weiß gedeckten Tafel saßen, und dass Jörg, vielleicht sechs Jahre alt, mich immer geärgert hat. Da rutschte mir die Hand aus und ich schlug Jörg ins Gesicht. Das Blut aus der Nase spritzte auf den weiß gedeckten Tisch. Ich habe mich unendlich geschämt. Und ich habe Jörg das gesagt – aber der hat das gar nicht so ernst genommen. Das war wohl das einzige Mal, dass ich eines unserer Kinder geschlagen habe."

Die Mutter übernahm mehr die musische Erziehung, zeigte die Noten, erklärte die Instrumente und war die erste Geigenlehrerin für Eva-Maria. Hilde lehrte sie, bis sie zwölf Jahre alt war. Eva-Maria ärgerte sich dann aber über jeden Fehler, den ihre Mutter kritisierte: „Da habe ich gemerkt, dass ich aufhören muss und nach einer anderen Geigenlehrerin suchen muss. Und das war gut so. Eva-Maria spielt heute phantastisch Geige. Sie tritt öffentlich mit ihrem Mann, einem Musikprofessor, auf."

Jörg hatte seine Krisenzeit mit 14 bis 15 Jahren, weil „wir ein ehrliches Elternhaus waren", und er hatte Not mit den unehrlichen Frommen in seinem Jugendkreis. Und die ehemaligen Jugendlichen aus Michaels Jugendkreis haben sich dann um Jörg gekümmert: „Ist das nicht schön?"

Die Kinder von Hilde und Michael haben alle die Berufsrichtung ihrer Eltern eingeschlagen. Nach Michaels Ansicht spricht das dafür, dass sie ihre Kinder nicht abgestoßen haben. Auch die drei Kinder haben den Wunsch, mit Menschen zu arbeiten. Eva-Maria promovierte und ist Psychotherapeutin in München in eigener Praxis und Professorin an der Hochschule der Liebenzeller Mission. Ihre erste Therapie leistete sie mit siebzehn Jahren, als sie ihre Mutter kurzfristig bei einer Patientin mit einer schweren Depression vertreten musste. Jörg promovierte in Pädagogik und Psychologie und ist Studiendirektor in einer Schule für Erzieher am Bodensee.

Die Jüngste, Rebekka, ist Bewegungstherapeutin. Sie schien Hilde als das unkomplizierteste Kind. Sie lief so nebenher, und die älteren Geschwister waren sehr liebevoll mit Rebekka. Sie war sehr fröhlich, hüpfte gern und ging ab fünf Jahren zum Ballett. Dort war sie über zehn Jahre. Rebekka tanzte einfach gern, am liebsten zu Franz Schubert[55]. Die Eltern nannten sie ihr „Hüpferle" – bis sie dreizehn Jahre alt wurde. Dann wurde es schwierig. Es folgte eine Pubertät, in der sie sich auch selbst ablehnte. Rebekka zerriss Fotos von sich. Und eines Tages hörte sie auf zu essen. Als Mädchen hatte sie mit ihrer Schulklasse geprüft, wer zwischen zwei Säulen an einem Gebäude durchkomme. Rebekka und ihre Freundin kamen nicht durch. Von da an zementierte sich bei ihr der Gedanke: „Ich bin zu fett." Das war die Initialzündung für Rebekkas Magersucht. Ostern hörte sie auf zu essen, und es kam der heißeste Sommer. Hilde und Michael waren allein mit ihrer jüngsten Tochter, die größeren Kinder waren auf einer Freizeit. Die Eltern fuhren mit der eigensinnigen Rebekka nach Mallorca und mieteten sich in einem schönen Hotel – *Es Moli* über dem bekannten Dorf Deia – ein; sie wollten der Tochter etwas Besonderes bieten. Dort war kurz zuvor auch ein Film gedreht worden. Rebekka setzte sich an den Tisch, der Kellner kam und fragte: „Und Sie wünschen?" – Rebekka konnte sich nicht entscheiden. Da bemerkte der Kellner: „Wir haben auch fettarmen Jogurt." Hilde dachte sich: „Der hat geblickt, dass da ein kleines Monster sitzt, das seine Eltern quält." Während des Urlaubs brach es aus Michael heraus: „So nicht mehr! So mit mir nicht!" Das war ein Schock für Rebekka, denn so etwas hatte sie von ihrem Vater noch nie gehört. Es ging los mit einer Initialzündung – „Ich bin zu fett." – und zur Therapie brauchte es, das wusste Michael, einen Schock: „Magersucht ist ja auch etwas Erlerntes. Da braucht es auch eine Art von Gegentrauma." Und das war die Wende für Rebekka. Sie war sieb-

---

55 Franz Schubert, *1797, †1928, österreichischer Komponist.

zehn Jahre alt und dünner als ein Model. Inzwischen kam sie auch zwischen den Säulen durch. Ihre Kleider waren schwarz und hatten die Größe 34. Sie sah aus wie ein Gespenst – bleich und gruftig, mit Ringen unter den Augen. Nach dem Schock auf Mallorca ging es mit Rebekka wieder aufwärts.

Inzwischen lebt Rebekka mit ihrer Familie in den USA und hat einen Master in Movement Therapy abgelegt. Sie arbeitete in einem Hospital für Essgestörte in Philadelphia. Es ist eine weltliche Klinik, es gibt dort Jüdinnen und Muslima als Patientinnen. Innerlich betete Rebekka viel, ohne das laut zu äußern. Da sagten Patienten zu ihr: „Von Ihnen geht ein Licht aus." Rebekka ist froh, dass sie selbst diese schwere Zeit in ihrem Leben durchgemacht hat: „Mama, ich verstehe diese Zeit jetzt", erklärte sie vor Kurzem, „ich kann so viel nachvollziehen und im Gespräch schnell den Kern treffen." Zurzeit studiert Rebekka zur Promotion an der Drexel University. Sie möchte Glaube, Tanz und Singen untersuchen; sie ist der Ansicht, man arbeite in der Psychotherapie zu viel kognitiv, mit nicht ausreichendem Bezug zum eigenen Körper. Begleitend zur Promotion gibt es ein dreijähriges PhD-Studienprogramm: „Vielleicht wird sie mit ihrer Familie einige Monate nach Heidelberg gehen, dort gibt es auch bekannte Forschungen in Musik- und Tanztherapie."

„Wir haben unsere Kinder nie zur Promotion gedrängt. Das ist bei allen die eigene freie Entscheidung, diesen Weg zu gehen." Als Jörg Anfang der 1990er Jahre gern promovieren wollte, waren Hilde und Michael gerade in Ägypten. Jörg suchte nach einem Thema. „Du könntest etwas über die Chaostheorie schreiben", regte Michael in einem Telefonat aus Ägypten an. Jörg studierte den Effekt des Schmetterlingsschlags in Schulklassen. Nach dem Bruch der BTS – Jörg hatte sich dort für die Kinder- und Jugendarbeit engagiert – war ihr Sohn auch arbeitslos. Mehrere Monate wusste Jörg nicht, was er tun sollte. Er schwamm lange Runden in Hildes und Michaels Schwimmbad, das sich im Haus auf dem Kniebis befindet. „Jörg, du musst noch einmal ganz zurückgehen", empfahlen seine Eltern nach einer schweren, schlaflosen Nacht, „du musst demütig noch einmal ganz neu anfangen." Sie regten an, dass Jörg – obwohl er schon Master war und in Psychologie und Pädagogik promoviert war – noch einmal drei Jahre für das Lehramt studiere und dann die Laufbahn als Lehrer einschlage. Jörg ging dann diesen unteren Weg und ist jetzt Studiendirektor am Bodensee und trägt für vierzig Lehrer Verantwortung. Jörg hätte auch schon die Möglichkeit gehabt, Oberstudiendirektor und Schulleiter zu werden, aber das hätte von den Bedingungen her nicht zu ihm gepasst. Michael war auch schon einmal mit einer ähnlichen Situation konfrontiert: An ihn wurde die Aufgabe herangetragen, dass er im Europarat in Straßburg Sekretär für Rehabilitation werden könne. Doch das hatte er abgelehnt; er meinte, das passe nicht zu ihm: „Ich bin kein Politiker. Da hätte ich womöglich in eine Partei eintreten müssen, und das wollte ich nicht. Da hätte ich immer wieder zwischen zwei Übeln entscheiden müssen."

„Wir haben gesagt, wir können unseren Kindern nicht ein hohes Erbe hinterlassen, aber wir finanzieren ihnen die bestmögliche Ausbildung. Unsere Kinder wissen, sie dürfen von uns bezahlt den höchsten akademischen Grad erreichen, wenn sie das wollen. Wir unterstützen sie alle. Bildung ist ein gutes Fundament, um im Leben ausgerüstet zu sein." Alle drei Kinder haben eine enge Beziehung zu Jesus, was die Eltern sehr glücklich macht.

Die Enkel

Hilde und Michael fühlen sich großartig beschenkt: „Wir sind von drei Kindern zu sechs Enkeln gekommen. Das ist doch wie im Bilderbuch."

Der erste Enkel ist Jakob. Er ist der Sohn von Eva-Maria und Tilman Jäger, der eine Professur an der Musikhochschule in München hat. Er lehrt dort Schulmusik und Jazz. Jakob wurde vor Kurzem konfirmiert. Er ist ein Einzelkind – nicht weil die Eltern, Eva-Maria und Tilman, es so wollten. Es ist vielmehr ein Wunder, dass sie überhaupt ein Kind haben. Er wurde 2001 geboren. Er hilft Michael immer, wenn es um Computerfragen geht. Auf dem Computer in der Finka von Michael und Hilde hat er seine Computerspiele installiert, und seine Großeltern wissen sich oft gar nicht zu helfen, wenn sie ihren Computer nicht mehr so vorfinden, wie sie ihn verlassen haben. Doch Jakob weiß, dass seine Großeltern hinter ihm stehen. Sein Konfirmationsspruch lautet

Seht, welch eine Liebe hat uns der Vater gezeigt, dass wir Gottes Kinder heißen sollen.

1. Johannes 3,1

Michael hat zur Konfirmation in einer Kapelle eine Ansprache gehalten und erklärt: „Du heißt Jakob Jäger Gotteskind. So können wir dich getrost in Gottes Hand legen." Dieses Wort bleibt jetzt Jakob in Erinnerung, spürten die Großeltern. Jakob hat musikalische Eltern, er spielt Klavier, Posaune, Schlagzeug und Bass, singt wunderschön, möchte aber eher Naturwissenschaftler werden. Jakob war ein Jahr lang im Internat bei dem Windsbacher Knabenchor, aber es hat ihn dann wieder nach Hause gezogen.

Das zweite Enkelkind ist Ella. Sie ist 2003 geboren und lebt mit ihren Eltern, Rebekka und Matt Hartwell, in den USA. Ella hat Neurofibromatose. Sie hat einige Flecken auf der Haut, aber sie ist sehr schön und begabt. Manchmal ist sie etwas verträumt. Es wird ihr schnell schlecht auf Autofahrten, weil sie einen Tumor hat. Hin und wieder hat sie Kopfweh. Sie klettert gern, wird auch im Klavierspielen unterrichtet und fällt intellektuell in der Schule sehr positiv auf. Ella wächst zweisprachig auf, Rebekka spricht mit ihr Deutsch, Matt Englisch. In Ellas Schule gab es einmal vor allen Schülern und Lehrern einen Vortrag über Neurofibromatose. Ein Kinderarzt berichtete über die möglichen Verläufe der Krankheit und, dass die Hälfte aller Betroffenen blind werden kann. Der Vortrag fesselte die Kinder. Zum Ende des Vortrags stand Ella spontan auf, ging nach vorne zum Mikrofon und sagte ganz unbefangen: „Ich möchte euch sagen: Ich habe Neurofibromatose. Und man kann damit leben." Das war ein sehr bewegender Moment für alle Anwesenden. Auch Ella wächst im Glauben auf. Sie ist mit ihren Eltern in einer lebendigen Gemeinde. Die Gemeinde unterrichtet die Kinder in unterschiedlichen Altersklassen im Glauben. „Ellas Leben ist auf dünnem Eis – das weiß sie. Durch die vielen Untersuchungen im Alter ab sechs Jahren hat sie die vielen Kinderabteilungen im Krankenhaus schon gesehen. Auch die Kinder, die in der Onkologie betroffen waren, hat sie wahrgenommen. Eine Zeitlang hat Ella gesagt, sie möchte Ärztin für krebskranke Menschen werden. Wir sind froh, Ella in Gottes Hand zu wissen, und der Ozean ist nicht groß genug, als dass wir uns nicht ganz nah fühlten."

2005 waren Michael und Hilde gerade in den USA, als Rebekka mit dem zweiten Kind schwanger war. Zu der Zeit erwarteten Jörg und seine Frau Sonja ihr erstes Kind. Sonja gebar Golda, das dritte Enkelkind. Und einen Tag später kam Sophia, das vierte Enkelkind, in Philadelphia zur Welt: „Das sind unsere ‚September-Zwillinge'".

2008 erwarteten Matt und Rebekka wieder ein Kind. Hilde und Michael waren bei der Entbindung dabei: Klara kam zur Welt. Matt sagte schon im Vorfeld, es sei egal, ob es ein Junge oder ein Mädchen werde. Und dann war es wieder ein „Baby-Girl". 2009 wurde Linus, Jörgs und Sonjas Sohn, als sechster Enkel geboren. „Wenn

Hilde und Michael mit Kindern, Schwiegerkindern und Enkeln,
August 2013. Von hinten links nach vorne rechts:
Jörg, Michael, Matt, Tilmann, Sonja, Hilde, Rebekka, Eva-Maria, Jakob,
Sophia, Ella, Golda, Linus, Klara

unsere Kinder und Enkel da sind, dann können wir miteinander
singen. Alle Kinder und Enkel sind inzwischen so groß, dass wir
miteinander reden und uns austauschen können. Und bevor sie gehen, betet Michael mit unseren Kindern. Sie sind in verschiedenen
Gemeinden, aber auf die Denomination legen wir nicht so großen
Wert – wichtig ist, dass Gottes kinder zusammen kommen."

Über den Herbst

Hilde und Michael hatten 2013 einen sehr heißen Sommer hinter sich. Die Kinder und Enkel aus den USA waren zu Besuch da, und Hilde hatte viele Gäste im Haus bewirtet. Nach dieser Zeit bekam sie zunehmend Atemnot: „Ich habe gedacht: ‚Was ist denn mit mir los?‘ – Ich musste immer so viel schnaufen.“

Zur Erholung buchte Michael im Herbst ein Wellnesshotel in Schwäbisch-Hall. Hilde freute sich sehr, denn sie kennt Schwäbisch-Hall als schöne mittelalterliche Stadt. Die beiden packten einen kleinen Übernachtungskoffer. Auf der Autofahrt wurde Hilde immer müder und dachte sich: „Ach, wenn doch die Fahrt nie aufhören würde.“ Sie schlief auf der Fahrt ein. Sie wollte nicht mehr ankommen, sondern nur noch weiterfahren: „Für mich war das ganz komisch.“ Als Hilde und Michael nach Schwäbisch-Hall einbogen, kamen sie an einem großen Krankenhauskomplex vorbei: „Schau mal, in diesem Haus arbeitet ein ganz lieber Freund von uns, Christoph Gläser.“ Hilde fühlte sich nicht gut, hatte stechende Schmerzen in der Brust. Hilde vertraute Michael an: „Ich glaube, meinen Muskeln tut es gut, wenn ich da jetzt einmal ins Solebad gehe.“

Aber das war keine gute Idee. Es wurde immer schlimmer. Sie dachte, das seien ihre Muskeln. Und dann gab es ein schönes Abendessen – und sie konnte es nicht essen. Sie bekam noch schwerere Schmerzen in der Brust und hat die ganze Nacht im Bett gesessen. Michael legte ihr jedes Kissen, das verfügbar war, in den Rücken. Aber es wurde nicht besser. In der Morgendämmerung sprach Hilde Michael an: „Ich glaube, ich sollte in das Krankenhaus gehen, um mir Muskel-Trancopal geben zu lassen. Ich habe solche Schmerzen.“ Die beiden sind dann selbstständig zum Krankenhaus gefahren, man nahm Hilde sofort Blut ab, und dann sagte der Arzt zu ihr: „Wir müssen Sie hier behalten. Sie haben einen Herzinfarkt.“ – „Ja, kann ich sie dann nicht wieder mitnehmen?“, fragte Michael. –

„Nein." – Das war ein Schock, Michael liefen die Tränen, Hilde bekam Sauerstoff und Morphium, „Und dann war ich weg."

Sie kam erst wieder auf der Intensivstation zu sich, von den Medikamenten war sie noch ganz euphorisiert. Da hörte sie hinter einer spanischen Wand neben sich einen sterbenden Mann immer wieder Schreie ausstoßen. Hilde wusste nicht, was sie tun sollte – außer, dass sie anfing zu summen. Ohne Worte summte sie einfach Melodien bekannter Lieder. Irgendwann hörte der Mann zu schreien auf und sagte nur ein lang gedehntes „Jaaa." Es wurde ganz still, und man hörte nur noch das „Jaaa" des Mannes. Sie dachte, wie doch Melodien Menschen verändern können.

Sie erfuhr dann, dass sie einen Stent bekommen hatte, ihr Bein war nach einem Katheter von der Leiste bis zum Knie schwarz. Sie hatte gespürt, dass sie einen Herrn hat, der sie abholt, und dass sie sich nicht fürchten muss: „Als ich 2013 den Herzinfarkt hatte, habe ich erleichtert gemerkt, dass ich auch gehen könnte. Ich spürte, dass ich keine Bindungen mehr hatte, die mich hätten zurückhalten können. Ich merkte, dass ich keine Angst haben muss, dass ich einfach abgeholt werde, egal, wann es Gott will. Natürlich freue ich mich, dass ich noch lebe. Ich sage immer: ‚Ich habe Verlängerung bekommen.'" Seit dieser Verlängerung hat sie auch Vorstellungen, was sie noch gerne erleben möchte: „Ich erlebe gern, wie unsere Kinder und Enkel immer selbstständiger werden."

Nach dem Herzinfarkt hat es Hilde in der Reha betroffen gemacht, zu sehen, wie unglücklich die Menschen dort herumsitzen. Jeder hat zwar sein Programm, aber vor dem Essen sitzen sie schon eine halbe Stunde früher da – und warten und haben Angst. Mit diesen Menschen teilte sie ihr Erlebnis, dass sie gemerkt hatte, dass sie auch hätte gehen können: „Als selbst Betroffene konnte ich sehr gut darüber reden." Hilde glaubt auch, dass die Gerontologie noch ein wichtiges Feld für die BTS werden wird, weil es dort so viele Menschen gibt, die mit ihrem Leben im Alter nicht im Reinen sind.

„Mit der BTS würden wir alles wieder so machen. Die Welt

braucht das heute mehr denn je. Bodelschwingh[56] hat einmal – als es um aufhaltende Fragen in seiner Einrichung ‚Bethel‘ ging – gesagt: ‚Sie sterben drüber.‘ Viele Wegbegleiter haben uns verlassen. Erst neulich hat einer gesagt: ‚Ich mach‘ nicht mehr mit. Es zahlt sich finanziell nicht aus.‘ Wie schade! Aber wir würden diese Arbeit noch einmal machen.“

Zum Thema Tod kann auch Michael Antwort geben:

Tod, wo ist dein Stachel?

1. Korinther 15,56

Michael ist sehr glücklich, dass das Evangelium hier nicht schweigt. Er kennt die Angst vor dem Tod aus seiner Beratungtätigkeit in weltlichen Organisationen. Die Menschen dort versuchen die Angst vor dem Ende zu verdrängen oder zu überspielen: „Manche fahren Fahrrad, um sich jung zu halten. Aber es gehört zum Menschen dazu, über den Anfang und auch über das Ende zu reflektieren. Das ist das Typische, was Gott in uns eingestiftet hat, dass wir uns fragen, woher wir kommen und wohin wir gehen. Für mich ist klar, das Leben kann, wenn es lange währt, 70 oder 80, manchmal auch 90 Jahre dauern. Aber das ist für mich nur ein Abschnitt einer größeren Zeitspanne. Und das Schönste kommt noch. Das sagen wir beide uns oft. Wenn wir im Moment etwas ganz Schönes erleben, dann wissen wir: ‚Im Himmel wird es immer so sein.‘ Tod ist für uns nichts Schreckliches. Natürlich ist der Schmerz oft schlimm. Aber hier gibt es heute auch eine Therapie, die helfen kann. Man muss heutzutage nicht mehr so leiden, wie die Menschen im Mittelalter gelitten haben. Und dann kommt der Tod. Und den hat Jesus besiegt. Ich habe keine tief gegründete Angst, weil ich weiß, wohin ich gehe – in die Zukunft. Das ist wichtig, und da möchten wir beide noch vielen Menschen Antwort auf diese Frage geben: ‚Wie können wir mit dem Tod leben?‘“

---

56 Friedrich von Bodelschwingh der Ältere, *1831, †1910, deutscher evangelischer Pastor und Theologe, der in der Inneren Mission arbeitete und die Bodelschwinghschen Anstalten in Bethel begründete.

Hilde ist seit ihrer Jugend ein Lied sehr wichtig:

Auf, denn die Nacht wird kommen,
auf mit dem jungen Tag!
Wirket am frühen Morgen, eh's zu spät sein mag!
Wirket im Licht der Sonnen, fanget beizeiten an!
Auf, denn die Nacht wird kommen,
da man nicht mehr kann!

Auf, denn die Nacht wird kommen,
auf, wenn es Mittag ist; weihet die besten Kräfte
dem Herrn Jesus Christ! Wirket mit Ernst,
ihr Frommen, gebt alles Andre dran!
Auf, denn die Nacht wird kommen,
da man nicht mehr kann!

Auf, denn die Nacht wird kommen,
auf, wenn die Sonne weicht! Auf, wenn der Abend mahnet,
wenn der Tag entfleucht! Auf, bis zum letzten Zuge,
wendet nur Fleiß daran! Auf, denn die Nacht wird kommen,
da man nicht mehr kann!

Hilde ergänzt: „Jetzt, da wir älter sind, wo man eher an den Tod denkt, möchte ich sagen, wir haben vieles bewirken können. Da ist eine große Dankbarkeit, die uns erfüllt. Denn derjenige, dem Jesus nicht begegnet ist, kann auch nicht für ihn wirken. So jemand ist traurig dran. Egal wie alt ich werde, ich habe ein eindrucksvolles Vorbild, das mir sehr viel Mut gemacht hat, auch zu wirken, wenn ich nicht mehr jung bin. Ich spreche hier von der Jüdin, die im Alter von 102 Jahren noch ihr medizinisches Examen abgelegt hat, nachdem es ihr im Dritten Reich verweigert worden war. Ich sah, mit welcher Frische sie aufstand und ihre Urkunde entgegennahm. Da dachte ich mir: ‚So möchte ich sein, wenn mir Gott noch Jahre gibt.' Ich möchte wirken, solange ich kann.

Die Meditation von der Logotherapie nach Viktor Frankl hat mich sehr beeindruckt. Die fängt so an:

Was würde geschehen, wenn meine Uhr heute Abend ablaufen würde?
Worum täte es mir leid, was ich nicht getan habe?
Worum täte es mir leid, weil ich Menschen Schmerz zugefügt habe?
Was habe ich in der Scheune meines Lebens?
Wofür darf ich dankbar sein?

Wir lassen uns da viel Zeit, darüber nachzudenken. Und die Meditation schließt dann mit dem Satz:

Heute ist der erste Tag meines restlichen Lebens.
Packen wir es an, es gibt noch viel zu tun.

Das ist für jedes Alter ganz wichtig. Auch als junger Mensch sollte man an den Tod denken. Diese Auseinandersetzung mit dem Tod ist wichtig – aber auch die Einstellung ‚Packen wir es an, es gibt noch viel zu tun.‘ Im Alter kann sich das auch schon einmal auf die Aufgabe verdichten, sich mit seiner Geschichte zu versöhnen oder sich mit bestimmten Menschen zu versöhnen. Manchmal sind auch Klärungen dran. Man sagt zwar ‚Die Zeit heilt alle Wunden‘ – und so mag das in der Medizin sein. Aber so ist es nicht vor Gott.“

Hilde bemerkte in der Rehaklinik in Baden-Baden, in der sie nach dem Herzinfarkt war, dass dort ganz hervorragend somatisch gearbeitet wurde. Sie schrieb dem Chefarzt nach ihrer Reha in einem Dankbrief, dass man da doch auch an der Psyche arbeiten könnte: „Ich wäre gern bereit, für die Menschen dort eine wöchentliche Gruppe zu leiten. Ich könnte auch ehrenamtliche Mitarbeiter schicken. Da waren in der Rehaklinik 200 herzkranke Patienten, die dem Tod ins Auge geschaut haben. Mit denen kann man doch Gruppen bilden und miteinander sprechen: Was machen wir mit unserer Geschichte, die geschehen ist?" Leider erhielt sie auf ihren Brief an den Chefarzt keine Antwort.

Der Besuch

Der angenehme Duft von Hansarosen erfüllt die Luft. Die Rosenbüsche sind in regelmäßigen Abständen entlang des Weges hinab zum Haus der Dieterichs gepflanzt. Wir haben verabredet, dass ich in der 25. Kalenderwoche 2015 Interviews mit Hilde und Michael führe, so dass ich Material für die Biographie sammeln kann.

Im Oktober des letzten Jahres war ich schon einmal hier. Damals hatte ich mein Anliegen vorgetragen, dass ich eine Biographie schreiben möchte, und die beiden überlegten einen Augenblick: „Denkst du denn, in unserem Leben hat sich genug ereignet, dass du eine Biographie daraus machen kannst?" – „Ja, ganz sicher", antwortete ich. Zu diesem Zeitpunkt vermutete ich noch, dass die größte Herausforderung in diesem Projekt eine saubere Formulierung des Textes sei. „Gut", gaben Hilde und Michael zurück, „wenn du das gern tun möchtest, dann stehen wir bereit."

In meinem Gepäck habe ich einen kleinen Computer und ein Mikrofon, damit ich unsere Gespräche aufzeichnen kann. Ich plane, die Tondokumente im Anschluss an diese Woche zu transkribieren, zu sichten und zu ordnen.

Inzwischen bin ich auf meinem Weg zum Haus bei der nefesh-Skulptur angekommen. Hilde hat das Objekt am 15. Juni 2012 mit einer Vernissage vorgestellt: „Die drei Aspekte des vergänglichen Menschen habe ich in einer schlichten Skulptur darstellen wollen: Soma, Psyche und Pneuma. Für den Schlosser, der die Skulptur geschaffen hat, erstellte ich erst einmal aus Holz eine Vorlage. Der Schlosser hat das Modell vermessen und dann alles in Stahl angefertigt. Er war sehr bewegt, und mit Tränen in den Augen erkannte er, dass alle drei Aspekte im Menschen wichtig sind. Die Psyche ist manchem schon suspekt. Und ohne Glaube, ohne das Spirituelle, fehlt etwas Entscheidendes in der Wahrnehmung der Persönlichkeit des Menschen. Ein Pfarrer sagte einmal zu mir: ,An meine Seele lasse ich niemanden ran.' Da habe ich mir gedacht: ,Du armer Mann. Wie kannst du da überhaupt predigen?' Der Schlosser war glücklich, als er die Skulptur fertig gestellt hatte, und alle Menschen in seiner Werkstatt fragten: ,Was ist das? Was hast du da in deiner Werkstatt?'"

Hilde und Michael bei der Vernissage der nefesh-Skulptur, 2012

Bei der Vernissage, vor drei Jahren, war der unbehandelte Stahl noch hochglanzpoliert. Jetzt rostet er – als Zeichen für die Vergänglichkeit des Menschen. Das Seil, das um die Basis der Skulptur gelegt ist, findet sich noch, aber es sieht schon ein wenig brüchig aus.

Nur noch wenige Schritte und ich komme an dem Haus mit dem verschindelten Altbau und dem großzügigen Neubau mit lichten Glasflächen an. Freundlich werde ich von Hilde begrüßt. Es geht gleich in die Wohnküche, und unsere Gespräche beginnen mit einem gemeinsamen Frühstück. Michael liebt Milchkaffee mit viel Schaum. Ich auch. Wir essen und trinken. Dabei sitzen wir an einem schweren, alten Tisch aus Nussbaum, der aus Hildes Familie stammt.

Ich eröffne das Gespräch: „Wer hat an diesem Tisch schon alles gesessen?" Hilde erzählt: „Professor Grütz, Dermatologe aus Bonn saß oft an diesem Tisch. Grütz war ein Freund meines Großvaters. Bei Professor Grütz durfte ich im Sommer zwei Wochen Urlaub verbringen. Professor Grütz war auch Vorsitzender des Beethoven[57]-Vereins. Elly Ney[58], die Pianistin, ging im Haus Grütz ein und aus, und auch Theodor Heuss[59] war bei Grütz. Dort habe ich auch Professor Domagk[60] kennengelernt, den Entdecker der Sulfonamide und des Contebens, der ersten wirksamen Arznei gegen Tuberkulose. Domagk wurde 1939 der Nobelpreis für Medizin verliehen, den er bis 1945 unter der Herrschaft der Nationalsozialisten nicht annehmen durfte. Als Professor Grütz sagte: ‚Hildchen, heute kommt zu uns ein Nobelpreisträger', da fragte ich zurück: ‚Was ist ein Nobelpreis?' – Als dann Professor Domagk zu Besuch kam, als die schöne Kaffeetafel mit süßen Stückchen gedeckt war, da war ich wie gelähmt, und ich konnte kein Wort rausbringen. Da sagte Professor Domagk: ‚Das Mädchen hat ja noch gar nichts auf dem Teller.' Und da merkte ich, dass das ein ganz lieber, und ein ganz normaler Mensch war."

---

57 Ludwig van Beethoven, *1770, †1827, deutscher Komponist der Wiener Klassik, Wegbereiter der Romantik.

58 Elly Ney, *1882, †1968, deutsche Pianistin, die als Interpretin der Klavier-Werke von Ludwig van Beethoven Bedeutung erlangte.

59 Theodor Heuss, *1884, †1963, Journalist und Politikwissenschaftler, von 1949 bis 1959 der erste Bundespräsident der Bundesrepublik Deutschland.

60 Gerhard Domagk, *1895, †1964, deutscher Pathologe und Bakteriologe, Nobelpreisträger für Medizin 1939.

„An diesem Tisch haben jede Woche Hahn'sche Brüder gesessen, und eine wunderschöne grüne Tischdecke, die ich noch habe, lag auf dem Tisch. Ich musste zu jedem Treffen am Donnerstagabend etwa zwanzig Stühle für die Zuhörer um den Tisch aufstellen. Das Wohnzimmer war dann ganz voll. Die Männer saßen an dem runden Tisch, die Frauen saßen – als Zuhörerinnen – in einer zweiten Reihe um die Männer. Die Brüder sprachen über die Bibel und die Gedanken von Michael Hahn[61]. Der hatte Betrachtungen geschrieben, tausende von Liedern, die Bände stehen sogar im Vatikan – Michael Hahn war so ein bisschen wie Gerhard Tersteegen[62], er war auch ein ganz großartiger Seelsorger. Von ihm ausgehend haben sich in Baden-Württemberg viele Stundenversammlungen, die Hahn'sche Gemeinschaft, in Privathäusern entwickelt:

Im Willen liegt freilich die Macht,
denn Gott hat sie in ihn gebracht.
Wer will, der kann wollen,
das was er wird sollen.
So weicht vor dem Tage die finsterste Nacht.

An diesem Tisch haben sich die Männer ausgetauscht, und die Frauen haben zugehört. Die Männer waren würdig und saßen da mit ihren schwarzen Anzügen. Zuerst lasen sie immer ein Bibelwort und dann eine Betrachtung von Michael Hahn. Anschließend wurde ein Lied von Michael Hahn gesungen, das oft viele Verse hatte, und einer der Brüder leitete dann das nachfolgende Gespräch mit dem Satz ‚Mir isch' innerlich klar worde' …' ein.

Einmal im Monat haben sich die Gemeinschaften aus dem Umkreis getroffen. Das hieß dann ‚Monatsstunde'. Manchmal war diese auch in unserem Ort, und dann kamen sie aus der ganzen Region

---

61 Michael Hahn, *1758, †1819, schwäbischer Pietist und Stifter der Hahn'schen Gemeinschaft.
62 Gerhard Tersteegen, *1697, †1769, deutscher Prediger und Schriftsteller, bedeutender Kirchenlieddichter und Mystiker des reformierten Pietismus.

und saßen an diesem Tisch. Da kamen immer Männer, die ich sehr achtete, berühmte und kluge Persönlichkeiten waren dabei. Einer sagte einmal nach einer Stunde zu mir: ‚Hascht dein Herz auch schon dem Heiland g'schenkt? Komm, ich geb' dir ein Heftle.‘ Das war ein Heft von Georg Müller[63], dem Waisenhausleiter. Die Männer, die zu uns ins Haus kamen, waren sehr ernsthaft und aufrichtig. Gelacht wurde nicht. Doch mein Großvater war für mich ganz authentisch, weil er trotzdem mit mir zum Kinderfest ging. Als ich drei Jahre alt war, und mein Vater aus dem Krieg heimkam, da war mein Ähne für mich wie ein Schutz Gottes. Ich war gerade mit meiner Mutter in der Waschküche, da kam meine sechsjährige Schwester und sagte: ‚Mama, da oben steht ein Mann, und die Leute sagen, es wäre der Papa.‘ Und dann begann für mich eine schwere Zeit. Mein Vater hatte viele fromme Sprüche – doch geschlagen hat er mich auch oft.“

Michael ergänzt: „Als wir 1961 die Jungscharfreizeit im Waldhaus bei Bodelshausen hatten, und als mir Hildes Vater – für mich damals noch Herr Schweikert – wegen seiner frommen Worte eine Respektsperson war, da habe ich mich so gefreut, dass er einmal vorbeikommt, um eine Bibelarbeit für uns zu halten. Und dann ist der dagestanden – und hatte uns nichts zu sagen. Ich konnte das gar nicht fassen – war er doch in meinen Augen so ein gläubiger Mann. Ich wusste bis dahin nicht, dass man solche christlichen Fassaden zeigen kann und innerlich und äußerlich nicht übereinstimmt.“ – „Bei uns waren ständig Veranstaltungen im Haus“, erzählt Hilde, „deshalb musste meine Mutter viel putzen – auch die Toilette, die noch keine Wasserspülung hatte. ‚Das ist ein Dreck, und das jeden Tag‘, seufzte meine Mutter, und meine Großmutter hörte ich sagen: ‚Ja, aber es ist ein gesegneter Dreck.‘“

Inzwischen sind wir mit dem Frühstück fertig. Ich baue meinen kleinen Computer und das Mikrofon auf. Wir können mit dem In-

---

63 Georg Müller, *1805, †1898, deutscher evangelischer Theologe und Evangelist. Bekannt wurde er als „Waisenvater von Bristol“.

terview starten. Michael ergreift das Wort: „Ich habe ein Lebens-motto: Wenn du heute bei der Wahrheit bleibst, dann musst du morgen nicht überlegen, was du gestern gesagt hast. Rüdiger, du darfst darauf vertrauen, dass alles, was wir dir erzählen, wahr ist." Hilde schaltet sich ein: „Ich bin ein Mensch, der eher im Heute lebt. Michael ist ein Mensch, der im Morgen lebt. Wenn ich sitze, dann steht er schon. Wenn ich stehe, dann geht er schon. Und immer bedenkt Michael: ‚Welche Folgen wird das, was ich heute tue, morgen haben?'"

Ich komme gleich auf die Jugendfreizeit in Lugano-Crocifisso zu sprechen. Hildes Augen leuchten und blicken auf Michael: „Er ist mein Frühling. Als er sein Zeugnis gab und ich ihn das erste Mal reden hörte, erlebte ich einen ganz authentischen Menschen. So authentisch wie ich auch meinen Ähne, meinen Großvater, erlebt habe. Wenn ich einmal sterbe, dann freue ich mich schon jetzt darauf, meinen Ähne wiederzusehen." – „Auf der Freizeit in Lugano war ich gedanklich noch nicht so weit entwickelt und hatte noch keine Übersicht. ‚Jesus ist mein Retter' habe ich als kindlich-gläubiger Mensch gesagt. Ich kann mich heute noch sehr gut daran erinnern, wie es war, als ich noch einfacher gedacht habe. Ich bin ein Spätentwickler", berichtet Michael. Im weiteren Leben hat er den kindlichen Glauben nicht abgelegt, doch es traten höhere Ebenen der kognitiven Entwicklung hinzu.

„Was sind denn deine Assoziationen zum Frühling?", frage ich Hilde. „Vogelstimmen, Blütenduft, Farben und Frische." – „Und was sind deine Assoziationen zu Michael?" – „Spontanität, Aufrichtigkeit, Schnelligkeit, Ungeduld, Eloquenz, geistige Beweglichkeit, Kritik, Scheu, Scheu vor Fremden und vor Gästen. Mich hat die isolierte Situation in Michaels Elternhaus misstrauisch gemacht – obwohl ich seine Eltern mochte. ‚Warum sind die so komisch? Warum haben die nie Gäste gehabt? Warum ist Michael so scheu und meidet Gäste?' Wenn er und ich einen Besuch abgestattet haben, dann fragte er mich schon vor dem Klingeln an der Tür: ‚Wir gehen doch bald wieder, oder?' Sein Vater ist in meiner Erinnerung ein sehr korrekter und seltsamer Mann. Einmal bat ich meinen Mann, mir den Stammbaum seiner Familie aufzuzeichnen. Und in diesem Stammbaum gab es eine Frau, die den Namen *Katz* trug. Mir war bekannt, dass viele Familien in Rexingen, Hechingen und im Raum Haigerloch diesen Namen trugen. Deshalb suchte ich in Remingsheim das Pfarrhaus auf – Michael hatte gerade im Bengel-Haus zu tun – und schaute in die Kirchenbücher. Da kam es heraus: Ich fand ihren Namen, und es gab ganz seltsame Durchstreichungen, und Kinder wurden einen Tag nach der Geburt getauft. Dort wurden aus Juden Christen gemacht. Daraufhin bin ich zu Michaels Vater gegangen und fragte: ‚Vater, kann es sein, dass deine Großmutter Jüdin war?‘ Da schaute er mich ruhig und lächelnd an und sagte: ‚Das kann sein.‘ Weil er ein Parteigenosse war, gab es ein großes Geheimnis um seine Herkunft, und deshalb war der Mann so entsetzlich still und schweigsam."

„Durch meine späte Taufe erst mit fünf Jahren fühle ich mich den verschiedenen Denominationen sehr nah", bestätigt Michael, „wenn man mich fragen würde, dann würde ich am liebsten Baptist sein, weil mir diese theologische Idee am stärksten zusagt. Theologisch ist es für mich richtig, dass man sich taufen lässt, wenn man weiß, dass man Christ ist. Aber ich gehöre seit meiner Jugend zur Württembergischen Landeskirche." – Hilde bekennt: „Auch ich wäre glücklicher gewesen, wenn ich erst mit fünfzehn Jahren getauft worden wäre, nachdem ich mich zu Christus bekehrt habe. Mein Ähne hat mich zur Taufe getragen, und er war mir ein großes Vorbild, er hat mich begleitet und immer wieder gesagt: ‚Kind, du wirst noch manche Kämpfe haben, es wird noch viel auf dich zukommen. Aber verloren gehst du nicht.'" – „Wenn man nur an sich denkt, dann macht man Fehler", ergänzt Michael, „wenn man über einen schmalen Steg über einen Abgrund geht, dann darf man nicht auf den Steg schauen – da muss man nach dem Ziel schauen." – „Mein Ähne half mir, nach diesem Ziel zu schauen. In unserem Leben wurde uns auch dieses Bibelwort sehr wichtig:

Freuet euch in dem Herrn allewege, und abermals sage ich euch:
Freuet euch!

Philipper 4,4

Alle Erfahrungen unseres Lebens haben uns vorbereitet und haben uns zu ganz ehrlichen Menschen gemacht. So hat Gott die Vergangenheit gedreht und an uns therapeutisch gearbeitet. Das gibt Verständnis und Weisheit. So können wir auch anderen Menschen sagen: ‚Leute, passt auf. Und man kann immer wieder neu miteinander anfangen.' Das gilt für die Biblisch Therapeutische Seelsorge, genauso auch für unsere Ehe. Seit fünfzig Jahren wächst unsere Verbindung stetig. Unsere Ehe ist heute besser als vor fünfzig Jahren." – „Verliebtsein ist nicht das Wichtigste", fügt Hilde hinzu, „Liebe ist nötig. Und diese Liebe muss gefüttert werden, damit sie lebendig bleibt. Liebe hat jeden Tag Hunger. Beim Verliebtsein ist jeder noch auf sich und seine eigenen Gefühle bezogen. Aber die Liebe sieht dann auch den anderen. Als ich Michael kennenlernte, da war er noch nicht so wie heute, er war noch etwas verschlafen. Aber er hat schon wie ein Frühling auf mich gewirkt." – „ Ich war noch im Kokon, und der Kokon war zur Reifung notwendig. An der Berufspädagogischen Hochschule – bei meiner Ausbildung zum Berufsschullehrer – lernte ich überhaupt erst, was ein Bundesrat ist. Ich wusste nicht, wer Schiller[64] ist, und Bach war für mich ein kleiner Fluss. Als ich im Posaunenchor spielte, dachte ich, das *Große Hallelujah* von Händel[65] sei extra für Posaunenchöre geschrieben worden; dass es ein Teil vom *Messias* ist, wusste ich damals nicht. Ich habe mich gedanklich vollkommen spät entwickelt. Aber durch diese späte Entwicklung kann ich mir heute sehr gut vorstellen, wie einfach man denken kann. Mir fällt es deshalb auch leicht, mich in Menschen hineinzuversetzen, die all das nicht gelernt haben. Es ist ganz wichtig zu wissen, wie es unten aussieht. Weil ich eine Lehre

---

64 Friedrich Schiller, *1759, †1805, deutscher Dichter, Philosoph und Historiker.
65 Georg Friedrich Händel, *1685, †1759, deutsch-britischer Komponist des Barock.

als Werkzeugmacher absolviert habe, haben mich meine Universitätskollegen später sehr beneidet: ‚Du hast es gelernt, unten durch zu gehen und die Welt auch von einer anderen Seite her zu sehen.‘ Ich glaube, dass solch ein Weg empathisch machen kann. Empathie lernt man nur durch Tränen – nicht durch Bücher. Viele Menschen denken einfach. Als Erwachsener muss man sich auch auf Kinder einlassen können. – Dass manche Variablen mehrere Abhängigkeiten in einer Funktion haben können, verstehen selbst Erwachsene im Alltag kaum. Das wurde mir erst klar, als mir der Verkäufer im Geschäft die Ohm'sche Regel erklärte, in der der fließende Strom von zwei Parametern – einem Widerstand und einer Spannung – abhängt."

Wir kommen auf Weite und Schönheit zu sprechen: „Souveränität, Großzügigkeit und Weite möchte ich in der BTS, solange ich mitarbeite, auch weiterhin erleben: nicht an den eigenen Zäunen und Denominationen aufhören. Deshalb war es für mich auch kein Problem, nicht nur in der Evangelischen Landeskirche, sondern auch bei den Adventisten, den Katholiken und den Pfingstlern zu lehren. Wir sind auch in den schweren Zeiten unseres Lebens an der Hand unseres Herrn gegangen und haben nie an ihm gezweifelt. Wir haben auch ganz viel Schönes erlebt mit Menschen, denen wir im Leben helfen konnten."

Hilde schildert: „Ich bin warmherziger als Michael. Ich war mehr an Menschen gebunden. Ich wollte Menschen gefallen. In meinen Strebungen ist Ehre etwas Wichtiges, mehr als Geld und Macht. Ich hätte gern auf der Bühne gestanden und hätte gern Applaus gehabt. Ich werde schnell von Menschen begeistert und ich möchte auch begeistern. Das ist meine Strebung. Und Gott hat mir gezeigt: ‚Du kannst auch ohne diese Strebung leben.‘ Das hat mir sehr geholfen. Ich bin viel, viel freier geworden. Mein Nebeneffekt, im Sinne von Viktor Frankl, war mir früher wichtiger als mein Ziel. Der Nebeneffekt war ‚Ich möchte ankommen‘ – aber das lässt auch immer Angst haben: ‚Ich komme nicht an‘. Das bindet. Dann ist man immer ein Stück weit gehemmt, man hat Lampenfieber, man hat Sorge, dass es doch nicht klappt. Ich habe gemerkt, ich habe durch das tiefe Tal, durch das wir gingen, eine Freiheit gewonnen, die ich nicht mehr verlieren möchte."

Michaels Strebung ist hingegen das Dienen: „Ich möchte Menschen helfen. Ich möchte keine Menschen beherrschen. Ich möchte auch nicht glänzen. Ich habe bei den geistig Behinderten gearbeitet, habe später die Not in der Gemeinde Jesu gesehen und habe mich dann gern berufen lassen, zu dienen, zu helfen und zu heilen. Das ist therapeia, der griechische Ursprung für das Wort ‚Therapie'".

„Mir war es auch wichtig, einen christlichen Masterstudiengang einzurichten, ganz gleich ob in Friedensau, Bierbronnen oder für Lee. Ich hatte einmal einen Prediger, der sagte mir: ‚Mein Sohn ist in der Schule so niedergedrückt, denn im Telefonbuch steht neben meinem Namen nur *Prediger.*' Darüber machten sich die Kameraden des Sohnes lustig, denn *Prediger* war ein Schimpfwort. Der Bub hat so gelitten, dass sein Vater nur Prediger war. Das war für mich ein Anlass, *Nur-Predigern* zu einem akademischen Titel zu verhelfen. Das war der Anfang. Die Leute sollen mit größerer Souveränität arbeiten können."

In dem weiteren Interview fügt sich Teil um Teil zusammen, wie beide sich den Aufgaben stellten, die das Leben an sie herantrug. Viermal beginnen wir den Morgen gemeinsam mit Gebet. Viermal neigt sich über unseren Gesprächen der Tag.

Audiatur et altera pars

Zum Abschied erkennt Michael: „Rüdiger, ich erschrecke immer mehr über die Arbeit, die auf dich zukommt. Du bist selbst schuld, du wolltest ja dieses Biographie-Projekt. Aber wenn du es zu Ende bringst, dann musst du auch schreiben, dass Hilde und ich in unserem Leben noch nie zuvor so lange mit einem Menschen gesprochen haben wie in dieser Woche mit dir."

Hilde ergänzt: „Du hast vorhin einen ganz feinen Satz gesagt: ‚Vielleicht schaffe ich es auch nicht.' Und das ist ein ganz entspannender Satz. Er entlastet dich. Und nur unter diesem Vorzeichen würde ich überhaupt an die Arbeit gehen. Jeder Mensch hat eine unvergleichliche Geschichte, darin liegt etwas Geheimnisvolles."

„Dabei denke ich an Johann Friedrich Oberlin[66], der vor 200 Jahren im Elsass mit den Ehepaaren gearbeitet hat," setzt sie fort. „Er war ein seelsorgerlicher Pfarrer, zu dem viele Ehepaare kamen, wenn sie verstritten waren. Er hatte ein bestimmtes Setting, bei dem die Ehepaare gegenüber saßen, Oberlin saß zwischen den beiden und hielt in seiner Hand ein Leporello, einen gefalteten Fächer. Auf einer Seite des Fächers waren durch die Faltung Blumen, auf der anderen Seite ein Vogel zu sehen. Durch das besondere Setting konnte jeder Ehepartner nur ein Motiv erkennen, und bei der Frage, was es zu sehen gebe, widersprachen sich die Ehepartner, sie fingen schon wieder zu streiten an. Doch dann wies Oberlin das Ehepaar an, die Plätze zu tauschen. Erst jetzt konnten die Ehepartner auch die andere Seite des Leporellos wahrnehmen, und sie konnten erkennen, dass der andere – von seinem Standpunkt aus gesehen – auch recht hatte. Jedes Ehepaar, das sich bei Oberlin versöhnt hatte, musste an einer bestimmten Straße im Steintal im Elsass ein Bäumchen pflan-

---

66 Johann Friedrich Oberlin, *1740, †1826, evangelischer Pfarrer, Pädagoge und Sozialreformer aus dem Elsass.

zen. Heute ist dort eine Allee – und wenn du bedenkst, dass das alles verstrittene Ehepaare waren, die da ein Bäumchen gepflanzt haben, dann entdeckst du die wundervolle Schönheit dieser Allee."

Bevor ich gehe, füge ich hinzu: „Passend zur Geschichte mit den zwei Seiten des Leporellos möchte ich ergänzen, dass auch das römische Recht vor über 2000 Jahren hier schon ganz eindeutig forderte: ‚Audiatur et altera pars – gehört wird auch die andere Seite.'"

Auf dem Postamt

Das Manuskript ist fertig, ich lege es sauber gebunden in ein Kuvert. Ich gehe auf das Postamt, um die Biographie wie vereinbart an Prof. Dr. Michael Rohde zu senden. Ich bin mir im Klaren, dass ich mit dieser Lebensbeschreibung auch nur eine Seite – die altera pars – darstelle. Aber die pars prima – die „erste" Seite – war so laut, dass sie vielen – auch Michael Rohde – allein ins Ohr ging.

Ich habe Hoffnung, dass diese Biographie dazu beiträgt, dass Menschen Informationen, die sie über Dritte erfahren, kritisch hinterfragen. Das kostet Mut. Doch dieser Mut, Aufbruch und Reifung machen uns das Leben neu, aufregend und frisch wie ein Frühling.